「英語で英語を教える」授業ハンドブック

オーラル・メソッドによる英語授業と文法指導

Yoshihito Sugita
杉田由仁

NAN'UN-DO

はじめに　本書の目的と内容構成

　英語教育学を専門分野とする大学教員として 15 年目を迎えますが、それ以前は中学校の英語教員として 18 年間、学校現場で勤務していました。その間、たくさんの中学校や高校の英語教員と出会ってきましたが、英語教師としてのタイプ、英語教育に対するスタンスといったもので分けさせていただくと下表のように分類されるのではないかと考えています。

A.『英語』教師	B. 英語『教師』
C.『英語教師』	

　Aタイプの『英語』教師とは、英語そのものの知識や技能に優れている英語教員で、高校の先生方に多いように思われます。教材研究には熱心ですが、指導方法や生徒理解に関する知識や技能の習得にはあまり関心を持たない傾向があります。これに対して、Bタイプの 英語『教師』は、英語の指導法について熱心に研究されて、生徒理解にも日々努められている先生方です。生徒にも慕われて、「よい教師」といわれる方が多いように思われます。しかし、英語そのものの知識や技能に関しては、Aタイプの先生方には及びません。3つ目のCタイプですが、英語そのものの知識や技能に優れていて、指導方法や生徒理解に関する知識や技能も兼ね備えている英語教員ということになります。18 年間の中学校教師生活を振り返りましても、このタイプにあてはまる先生方は 10 名までは思い当たりません。

　現行の「教育職員免許法」では、「教職に関する科目」「教科に関する科目」「教科または教職に関する科目」等に定められた必要単位数を修得すれば中学校・高等学校教員免許状（英語）を取得することができます。そして、教員採用試験に合格すれば、たとえ修得単位数が「教職に関する科目」や「教科に関する科目」のどちらかに偏っていても、修得単位の内実を詮索されることなく一人前の英語教師として教壇に立つことができました。つまり、これまでの免許制度には、AタイプあるいはBタイプの教員が養成されやすい素地があったとも言えます。日本の学校における英語教育は「中学校、高校と 6

年間学校で英語を勉強しても、少しも使えるようにならない」という国民的批判を受けていますが、このようなA・Bタイプの教員を容認してきた英語教員養成の甘さがその一因であることは否めないと思います。この批判に応えるために、「英語が使える日本人育成のための行動計画（2003年）」「グローバル化に対応した英語教育改革実施計画（2013年）」といった英語教育改革のための国家政策が実施に移されました。こうした改革の流れを受けて、今回の『学習指導要領』の改訂においては、ついに「英語の授業は英語で行うことを原則とする」ことが明示されるに至りました。

　さて、この施策に対してA～Cタイプの教員はどのように対応するのでしょうか。私の推測は下表の通りです。

A.『英語』教師	『英語で英語を』教える授業
B. 英語『教師』	英語で英語を『教える』授業
C.『英語教師』	『英語で英語を教える授業』

　Aタイプの教員は、英語そのものの力量が高いので『英語で英語を』については実践しやすいのではないかと思われます。しかし、教室で生徒にわかるように「教える」ことができるかと言えば、困難が多いと予想されます。Bタイプの教員は、「教える」ための知識や技能は十分に身につけていますが、英語そのものについては不十分さが否めません。つまり、今回の国の施策とは、英語そのものの知識や技能に優れていて、指導方法や生徒理解に関する知識や技能も兼ね備えているCタイプの英語教員の養成を、各教育関係機関に求めるものに他ならないと言えます。

　本書は、このような現代日本の学校における英語教育に対する社会的要請を真摯に受け止め、大学において英語教員をめざして学修している学生や中学校や高等学校の若手教師、またCタイプの教員をめざして研鑽されている現場の先生方が、英語で英語を教える授業を行う際のハンドブックとして活用していただくことを願って企画・編集されたものです。

　第Ⅰ部では、英語で英語を教える授業づくりに向けて、パーマー（Harold E. Palmer, 1877-1949）が唱導したオーラル・メソッド（Oral Method）の今

目的意義について検討を行いました。まず、「英語で英語を教える授業」が行われるに至ったこれまでの経緯と、どのようにして英語で英語を教えるべきか、これからの教室における授業構想を示しました。次に、オーラル・メソッドによる授業を展開することにより、はたして本当に生徒たちに「使える英語」が身につくのか、オーラル・メソッドの指導原理に立ち返り、その有効性について検討を行いました。その上で日本の中学校や高等学校の教室で、実際にオーラル・メソッドによる授業を行う際の具体的な指導手順について解説し、教室での実践に向けて「オーラル・メソッドによる学習指導案」の作成方法と試案を提示しました。

　第Ⅱ部では、英語で英語を教える授業づくりを行う上で必要となる「英語によるコミュニケーションを支える文法」という観点から、オーラル・メソッドの授業における文法指導について検討を行いました。具体的には、文法指導を考える基盤となる文法そのものの捉え方について検討し、その捉え方に沿って指導すべき内容を導き出しました。そして、具体的な文法指導の方法として「4Pアプローチ」を提案し、その実例を文法項目別に紹介しました。

　さらに、参考資料・付録として、パーマーの外国語教授法の基本原理である「外国語教授及び学習において遵守すべき主要項目を決定する公理十条」、パーマーのオーラル・メソッドの指導原理である「同化の4段階」および外国語教授法の基礎となる理論が詳述されている「新しい理論を踏まえた英語教授法の問題（覚書）」を、今日の英語教育関係者にできる限り理解しやすくするために、用語のアップ・デートを行い改めて訳出しました。

　本書から有益なアドバイスを得て、現代日本の学校英語教育に求められている「英語で英語を教える授業」の実践に、1人でも多くの先生方がチャレンジングに取り組まれることを願っています。そして、正真正銘の『英語教師』として、自信を持って『英語で英語を教える授業』を行っていただければ幸いです。

　なお、本書は2015年度明治学院大学学術振興基金による助成を受けて刊行させていただきました。ここに記して、感謝を申し上げます。

平成28年3月

杉田由仁

目次

はじめに　本書の目的と内容構成 III

第Ⅰ部　オーラル・メソッドによる英語授業

1 英語で英語を教える授業づくりに向けて 11
(1) 英語で英語を教える授業 11
(2) いかに中学生・高校生に英語で英語を教えるか 12

2 オーラル・メソッドの指導原理 15
(1) 直接教授法（Direct Method） 15
(2) オーラル・メソッド（Oral Method） 17

3 オーラル・メソッドによる指導手順 22
(1) ウォーム・アップ（Warm-up） 23
(2) 復習（Review） 24
(3) 新教材（文法・文型）の提示（Presentation of New Materials） 25
(4) 文法・文型の練習と発展活動（Practice and Activity） 27
(5) オーラル・イントロダクション（Oral Introduction of Contents） 28
(6) 本文の音読指導（Reading Aloud） 29
(7) まとめと定着（Consolidation） 30

4 オーラル・メソッドによる学習指導案の書き方 31

5 オーラル・メソッドによる学習指導案の具体例 33
(1) 中学校の学習指導案〔通常の題材〕 33
(2) 中学校の学習指導案〔読解中心の題材〕 45
(3) 高等学校の指導案 53
(4) 英語による学習指導案 66

第Ⅱ部　オーラル・メソッドの授業における文法指導

1 文法とは何か 71
2 文法指導の内容 73

3 文法指導の方法「4Pアプローチのすすめ」 75
　(1) 文法指導における「気づき」の重要性 76
　(2) 「4Pアプローチ」による具体的指導法 76
　(3) 「文法用語」の扱いと導入方法 78
4 文法指導の実例 79
　(1) be動詞の *is* 79
　(2) *There is/are* 構文 83
　(3) 現在進行形 86
　(4) 過去進行形 90
　(5) 受動態 94
　(6) 助動詞 *have to* 97
　(7) 現在完了形 101
　(8) 比較級 104
　(9) 冠詞 107
　(10) 未来表現 *be going to* 110
　(11) 不定詞 114
　(12) 関係代名詞 *who* 117
　(13) 仮定法過去 121

［参考資料・付録］

付録1　「外国語教授及び学習において遵守すべき主要項目を決定する公理十条」 127
付録2　「同化の4段階」 129
付録3　「新しい理論を踏まえた英語教授法の問題（覚書）」 132
参考文献 176
索引 182

第Ⅰ部

オーラル・メソッドによる英語授業

1 英語で英語を教える授業づくりに向けて

(1) 英語で英語を教える授業

　文部科学省は、2013年度から完全実施となった『高等学校学習指導要領』において「高校英語の授業は英語で行うのが基本」と明記しました。「中学、高校と6年間も英語を習っているのに、使えない」という一般国民からの長年の批判[1]を踏まえ、特に高校における英語の授業を、英語を使う場に転換し「使える英語（＝英語によるコミュニケーション能力）」の習得を目指すという方針です。文部科学省は「難しい文法までは英語で教えなくてよい」という見解を示していますが、生徒や教員は、この方針転換になかなか対応できていないのが現状です。また、2013年12月には国際的に活躍できる人材を育成することを目的とした「グローバル化に対応した英語教育改革実施計画」が示され、中学校においても英語授業は原則として英語で行い、高校の授業では発表や討論などに重点を置くことが明記されました。学校現場の対応の遅れに配慮することなく「英語の授業は英語で行う」という方針はますます強化されている現状があります。

　このような方針の強化策には、少なからぬ反論[2]があるのは確かです。しかし、従来の「日本語しか聞こえてこない授業」を転換し、実際のコミュニケーションに活かすことのできる「使える英語」の習得を目指すという方針は、グローバル化が急速に進んでいる世界情勢を考えますと、日本の英語教育にとってどうしても必要な方針転換であることも事実です。今や国際共通語としての地位を確立した英語の重要性はかつてないほどに高まり、日本の中学生や高校生が英語による情報にアクセスして、それを有効に活用する能力を持つか否かは、個人レベルの社会的成功にとどまらず、国家レベルの政治・経済的繁栄にも大きく関わるからに他なりません。ですから、私たち英語教育関係者にとって大切なことは、文部科学省の方針強化に対抗することではなく、日本の将来にとって必要な方針転換の意義を理解して、学校現場における英語教員が混乱なく、英語で英語を教える授業を実践することができる

---
(1) この批判に対しては、金谷 (2009, pp. 4-22) などの反論もある。
(2) 例えば、江利川・斎藤・鳥飼・大津 (2014) など。

手立てを考えることであると思います。

　それでは一体、どのようにして、日本の中学生・高校生に英語で英語を教える授業を行えばよいのでしょうか。次節では、各学校段階において英語で英語を教える授業づくりに取り組むことにより、小・中・高等学校を通じた英語教育全体の抜本的充実が図られるような授業構想について述べてみたいと思います。

(2) いかに中学生・高校生に英語で英語を教えるか

　大学4年次の教育実習において、私が配属されたのは筑波大学附属中学校で、伝統的に「オーラル・メソッド（Oral Method）」による授業実践が行われていました。教育実習生も例外ではなく、1ヶ月間の教育実習期間中にオーラル・メソッドの指導原理と実際の指導法を附属中学校の担当教官（元東京成徳大学教授　堤昌生先生、元文教大学教授　広野威志先生）にご指導いただきました。その後、山梨県の公立中学校英語科教員として勤務した18年間の授業実践は、附属中学校における教育実習で修得したオーラル・メソッドに基づくものとなりました。現行の学習指導要領において要請されている「英語で英語を教える授業」の実践は、まさにオーラル・メソッド時代再来の予兆として受け止めています。

　オーラル・メソッドは、1922年に文部省顧問として招聘され、以後14年間、当時の日本の英語教育刷新に尽力したパーマー（H. E. Palmer）が、組織的な指導原理に基づいて開発した英語指導法です（詳細は次節参照）。パーマーは、文法訳読法による英語教授から、生徒たちの「生きた英語」「役に立つ英語」の習得につながる、新しい英語指導法による実践を行うことのできる日本人英語教師の養成を託されて来日しました。しかし、その当時の平均的な英語教師には、授業のほとんどを英語で行うオーラル・メソッドは精神的・肉体的負担が大きく、また英語運用能力が不足している教師には実施困難な部分が多く、それが障害となってオーラル・メソッドによる指導の普及は思うように進みませんでした[3]。しかし、それから約80年を経た今日にあっ

---

(3) 伊藤嘉一 (2000)『英語教授法のすべて』大修館書店, pp. 74-86 参照。

ては、2003年に発表された「『英語が使える日本人』の育成のための行動計画」を契機に英語教師の英語運用能力向上が図られ、多くの日本人英語教師がオーラル・メソッドによる授業を十分に行うことのできる条件が整えられつつあると言えます。パーマーがオーラル・メソッドを唱導した時代とは明らかに異なる恵まれた条件整備を活かすことが可能です。

　このオーラル・メソッドをベースとして、日本の中学校・高等学校の生徒に対して英語で英語を教える授業の構想について述べます。まず、英語で授業展開を行うためには、教員はもとより生徒たちも一定レベルの教室英語（Classroom English）を必要とします。このような英語の指導に関して、オーラル・メソッドでは、英語学習の初期6週間に「文字」を使用せずに英語の「音声」に慣れさせるためのプログラムが実施されます[4]。このプログラムでは、実演によって教えることが可能な英語の基本語彙や教室英語を言語材料として指導が行われます。こうした音声中心の初期学習の内容を、教科化に向けて準備が進められている小学校の「外国語活動」に組み込むことを提言したいと思います。つまり、中学校からのオーラル・メソッドによる英語授業において必要とされる基本語彙や表現を「英語によるコミュニケーションの素地」として外国語活動の中で培い、いわば小・中・高校の連携により「英語で英語を教える授業」を作り上げる第一段階と位置づける構想です。

　次に、中学校における授業展開は、「ウォーム・アップ（Warm-up）→復習（Review）→新教材（文法・文型）の提示（Presentation of New Materials）→文法・文型の練習と発展活動（Practice and Activity）→オーラル・イントロダクション（Oral Introduction of Contents）→本文の音読指導（Reading Aloud）→まとめと定着（Consolidation）」を基本的な指導過程（次節において詳述）とします。このプロセスの特徴は、授業の根幹（いわゆる「授業の山」）となる「新教材の提示→言語活動→本文のオーラル・イントロダクション」の部分は、教科書「閉本」のままの授業展開となるので、音声による英語コミュニケーションが活発に行われます。18年間の中学校での指導経験から、英語で英語を教えるためには「教科書を教える」のではなく「教科書で

---

(4) Palmer, H. E. (1995). *The First Six Weeks of English.*

教える」ことが前提になると言えます。上記の基本プロセスによる授業展開は、必然的にこの前提をクリアすることを英語教員に要求するので、中学校段階における「英語で英語を教える授業づくり」が推進されることになります。

さらに、高等学校においては、指導過程の基盤を中学校と共有しつつ、理解した内容に対する「自分の意見や考えを表現する活動」を授業の根幹とします[5]。基本的な指導過程は「ウォーム・アップ（Warm-up）→復習（Review）→新教材（文法・文型）の提示（Presentation of New Materials）→本文の内容理解（Reading Comprehension）→本文の音読指導（Reading Aloud）→自己表現を中心とした言語活動（Self-expression）→まとめと定着（Consolidation）」となります。「本文の内容理解」については、読解の事前活動（Pre-reading Activity）としてオーラル・イントロダクションによる概要説明を行い、読み取りのポイントを明記したワークシートを活用して読解活動を展開します。ただし、読解そのものが目的ではなく、読み取った内容に対して「自分の意見や考え」をまとめ、それをスピーキングやライティングによるタスク活動を通して表現することが最終目標となります。このような指導目標を達成するためのプロセスにおいては、必然的に4技能を総合的に育成する指導が重視され、また実際に活用することを重視した文法指導が求められることになります。その結果、授業の前半では英語そのものを「聞くこと」「読むこと」が、また後半では文法知識を自己表現のツールとして活用し、理解した内容に対して自分の意見・考えを「話すこと」「書くこと」が中心となる授業活動が行われることになります。

なお、オーラル・メソッドをベースとして、日本の中学校・高等学校の生徒に対して英語で英語を教える授業展開を構想することは、日本人英語教員が「英語で英語を教える」ために必要とする資質の向上にもつながると考えられます。具体的には、大学における英語教授法の講義・演習においては、メソッドが持つ顕著な特徴の1つである明確な「指導過程・手順」が示されることにより、英語指導に対して未熟な学生たちにも到達すべき学修目標が把握しやすくなり、「英語で英語を教える授業」を実践するための基本的スキ

---

[5] 一例として、鈴木 (1999) は「日本について英語で語れること」を高校英語の目的としている。

ルを効率的に修得することができます。また、中学校・高等学校における現職教員にとっては、オーラル・メソッドによる基本的な指導過程の展開に合わせた教材研究・準備を行うことにより、授業を実際に英語でコミュニケーションを行う場面とするために必要な「英語による指導力」向上の機会が与えられることになります。

このように、オーラル・メソッドをベースとして「英語で英語を教える授業」を構想することは、日本の中学校・高等学校の生徒に対して英語で行うことを原則とする授業づくりを推し進める上で非常に大きな意義があり、その実現が待たれます。

2 オーラル・メソッドの指導原理

オーラル・メソッドによる授業を展開することにより、はたして本当に生徒たちに「使える英語」が身につくのでしょうか。本節では、オーラル・メソッドの指導原理に立ち返り、英語によるコミュニケーション能力の育成にオーラル・メソッドによる授業が効果的と言えるかどうかを検討することにします。まずは、オーラル・メソッドに大きな影響を与えた「直接教授法」から検討を始めることにします。

(1) 直接教授法（Direct Method）
〔教授法の背景と言語習得観〕
　文法訳読法による外国語教育に反対する立場から生まれたダイレクト系メソッドの内、ベルリッツ（Berlitz）やグアン（Gouin）などによって唱導された自然主義的接近法（Natural Approaches）の流れを受け継ぎ、ヨーロッパ諸国・アメリカへも普及した教授法。「外国語の習得過程＝幼児の母国語習得」という言語習得観に基づき、外国語を習得することは新しい一組の習慣を得ることであり、その習慣形成は母国語を介

しては不可能であると考えられています。主唱者の1人であるベルリッツが考案した方法（ベルリッツ・メソッド）は、特によく知られており、その特色をまとめると以下のようになります[6]。

① 授業中は、学習者の母国語を一切使用しない。
② 教師はすべて母国語話者とする。
③ 各クラスの学習者数は5～6名とする。
④ 発音指導は、母国語話者である教師の発音を模倣させることによる。
⑤ 教室では、目標言語のみを使用するようにする。
⑥ 最小限の日常会話を身につけることを目的とする。
⑦ 文法は多くの実例から規則を発見させ、帰納的に学ばせる。
⑧ 単語や語句、文の意味は訳語を与えずに、実物や、絵、写真、教師の身振りなどにより連想させる。
⑨ 教材配列は具体的なものから抽象的なものへと進ませる。
⑩ さまざまな手法により学習者の注意を喚起して、関心を引きつける。

〔指導の内容と特徴〕

　ベルリッツ・メソッドの特色に見られるように、母国語を媒介とせず、目標言語となる外国語のみを使って授業が行われます。文字や文法の習得よりも音声の習得が優先されます。授業は、発音記号を使用して教師の発音を模倣させる発音指導から始まり、教科書本文の内容に関するQ＆Aによる口頭練習が中心となります。意味は実物、絵、動作などによって、外国語と直接結びつけさせるようにします。その後、リーディングを行い、文法はリーディングで学んだものから帰納的に学習することになります。翻訳作業（英文和訳・和文英訳）はいっさい行われず、授業の終わりに学習した内容の書き取りや自由作文を行います[7]。

〔指導法の長所・短所〕

　長所としては、授業をすべて外国語で行うため、生徒を外国語に慣れ親

---

(6) 石黒昭博他『現代の英語科教育法』英宝社, 2003, pp. 26-28.
(7) 米山朝二著『英語教育指導法事典』研究社, 2011, pp. 95-96.

しませ、意味と表現を直接的に結びつけて考える習慣を形成することができます。特に、リスニング・スピーキングのスキル養成には効果的です。一方、短所としては、母国語を使用しないため、語句の指導に時間がかかり、意味理解の確認が困難で、意味の誤認が生じる可能性があります。

　このような、直接教授法の特徴の内、1) リスニング・スピーキングの重視、2) 発音や口頭練習の重視、3) 語句と意味の直接連合、4) 文法の帰納的提示などはオーラル・メソッドにも共通する特徴です。直接教授法の問題点としては、幼児の母国語習得過程を最も自然な言語習得過程と見なし、その過程を外国語教授に反映させるという考え方に留まり、理論化には至っていません。また、幼児にとって自然な言語習得過程は、すでに確立した母国語の言語習慣を持っている生徒たちにはかえって不自然な外国語学習となってしまうことも否めません。

(2) オーラル・メソッド（Oral Method）

〔教授法の背景と言語習得観〕

　パーマーが、直接教授法の1つであるベルリッツ・メソッドによる実践に基づいて理論化・体系化した教授法理論。パーマーの外国語教授観は「公理十条（Ten Axioms）」にまとめられており、音声言語優越主義（Speech Primacy）の立場や言語習得観、発音や語彙・文法指導についての考え方などを読み解くことができます[8]。

　パーマーはまず、言語は言語記号（Linguistic Symbols）から成り、言語体系（Code）と言語運用（Speech）の両面を持つと考えます。前者は体系化された知識を後者は言語活動を意味します。そして、言語心理学を援用して、言語習得とは言語記号と意味との一致（Identification）および、その両者が溶け合い、密接に結合する融合（Fusion）から成るという理論化を行っています。また、言語学習において習得すべき技能には、主要技能（Primary Skill）と副次的技能（Secondary Skill）があり、前者はヒアリングとスピーキング、後者はリーディングとライティ

---

(8)「公理十条」は「付録1」に訳出されている。

ングと位置づけ、音声言語重視の立場を明確にしています。さらに、このような立場から発音を言語の必須要素とするだけでなく、文法についても同様の扱いをすべきであると主張しています。

　上記のような、「言語の運用」を重視する指導についてパーマーは、*English Through Actions* (2006, pp.13-16) で「同化の4段階（The Four Phases of Assimilation）」を提案しています。これらはオーラル・メソッドの指導技術の基本原則というべきもので「知覚（Perception）」「理解（Recognition）」「模倣（Imitation）」「再生（Reproduction）」から成ります。「知覚」とは、学習者が教師の話す英語を聞きながら、聞き慣れない、意味がわからない発話単位（Unfamiliar Speech-Unit）を感じ取ることを指します。「理解」とは、この発話単位の意味が、話し手のジェスチャーや話されている場面、既習内容の想起などさまざまなきっかけにより認識されることを指します。「模倣」とは、聞き取った発話単位を、聞いた直後にある程度の正確さをもって音声化して繰り返すことを指します。繰り返す内容の意味は、理解できている場合もあればそうでない場合もあります。そして「再生」とは、知覚して理解し、模倣して音声化できるようになった発話単位を、一定の時間をおいた後、意味理解を伴って再生できることを指します。つまり「同化」とは、単なる知識として言語を理解するというレベルではなく、運用できる言語の習慣が形成されるレベルと言えます[9]。

　この「同化の4段階」と、現代における「第二言語習得の認知プロセス（Ellis, 1997a; Gass, 1997; Skehan, 1998; 村野井, 2006 など）」には少なからぬ対応関係を見ることができます。まず、教師の英語をリスニングによりインプットしながら聞き慣れない、意味がわからない発話単位を感じ取る「知覚」とは、入力中の言語の特定の特徴に注意を向ける「気づき（Noticing）」と同概念と言えます。次に、その発話単位の意味がさまざまな手がかりにより認識されることは、意味理解に加えて言語形式とその形式が果たす機能を含む深いレベルの「理解（Comprehension）」

---

[9]「同化の4段階」に関しては「付録2」に訳出されている。

に共通する部分があります。また、「模倣」により繰り返すことは、気づかれ、意味理解された発話単位を学習者の中に取り入れる「内在化（Intake）」につながります。さらに、一定の時間をおいた後で意味理解を伴って再生できるようにすることは、インテイクされた発話単位を瞬時に取り出せるように自動化させて長期記憶に組み入れる「統合（Integration）」のプロセスを促進すると考えられます。これらの対応関係をまとめると以下のようになります。

〔同化の4段階〕

インプット	知覚	理解	模倣	再生	アウトプット
	気づき	理解	内在化	統合	

〔第二言語の認知プロセス〕

　この両者の対応関係から、オーラル・メソッドによる授業展開は、第二言語習得に効果的であり、生徒たちの「使える英語（＝英語によるコミュニケーション能力）」の習得を促進することにつながると判断することができます。

〔指導の内容と特徴〕
　パーマーは、幼児の言語習得からヒントを得て「言語習得は5習性（音識別、口頭による模倣、口頭による反復、意味化、類推による作文）に従う」という仮説を立て、この5習性を養成する指導方法として7つの練習をあげています[10]。1つ目は、母音、子音などの音素を聞いて区別することができるようにする「音識別練習（Ear-Training Exercise）」、2つ目は教師の発音をまねる「発音練習（Articulation Exercise）」、3つ目は機械的に行う「反復練習（Repetition Exercise）」、4つ目は機械的に言えるようになったものを再生させる「再生練習（Reproduction Exercise）」、5つ目は基礎的な文の語を置き換えて派生的な文を作らせる「置

---

(10) Palmer, H. E. (1995). *The Five Speech-Learning Habits*.

換練習（Substitution Exercise）」、6つ目は教師が命令文によって生徒に連続動作をさせる「命令練習（Imperative Drill）」、そして7つ目が主要な文型を英問英答によって練習し、習熟することをめざす「定型会話（Conventional Conversation）」です。特に入門期（6週間）には、このような練習による口頭作業のみを行い、その間文字は一切見せません。

　また、目標文や語句の導入に際しては、母国語の使用は最小限にして、動作、実物、写真、絵などの視覚に訴える教具の活用や適切な場面を設定して提示します。直接教授法では、母国語を媒介とせず、目標言語となる外国語のみを使って授業を行うことが強調されていましたが、パーマーは自らの方法を「複合的アプローチ（Multiple Line of Approach）」と称し[11]、必要に応じて母国語の使用を認めるなど折衷的な立場を取っています。ただし、母国語による知識の説明に時間をかけるのではなく、命令練習や定型会話、動作を連動させて基本的な動詞形の習得をめざす動作連鎖（Action Chain）などの口頭による練習をたくさん行うことにより、言語の運用能力を伸ばすことを重視します。

　さらに、パーマーは細かい文法規則などは気にせず、全体の意味内容を直感的に把握する力（Subconscious Assimilation）を育成するために、オーラル・イントロダクション（Oral Introduction of Contents）により「直聞直解の訓練をする」ことを重視します。教科書本文のリーディングを行う前に、教師が平易な英語により内容を説明し、生徒の内容理解のチェック（英問英答やTFクイズ）を行うようにします。このオーラル・イントロダクションによって生徒に入力される理解可能なレベルの英語とは、Krashen の入力仮説（Input Hypothesis）における「理解可能なインプット（Comprehensible Input）」に相応するものと言えます。したがって、生徒が現時点で所持する言語体系（i 段階）よりも1段階複雑な入力（i+1）をオーラル・イントロダクションによって生徒に与えられるように操作すれば、言語習得をより効果的に促進する活動とすることができます。

---

(11) Palmer, H. E. (1995). *The Principles of Language Study*.

〔指導法の長所・短所〕

　長所としては、音声中心の指導（オーラル・イントロダクション、口頭練習）により、リスニングやスピーキングの技能を高めることができます。実物提示、実演などにより場面設定を行い、母国語を媒介としないで教えるので語句と意味との直接連合が形成され、母国語を介さずに理解する力が伸びます。また、入門期における外国語学習に対する興味や動機づけを高め、文字学習の負担が軽いというメリットもあります。短所としては、口頭練習が中心となるので、リーディングやライティングの技能が不十分になりがちです。また、オーラル・イントロダクションなど教師主導の英語による説明が中心となるので、教師の負担が大きく生徒の学習姿勢も受け身がちになる傾向があります。

〔指導上の留意点〕

　指導内容の特徴にもあるように、パーマーは幼児の母語習得に見られる言語学習順序を外国語学習者にも応用し、言語運用の習性（Speech Habits）を身につけさせることによる言語教育を唱導しました。しかし、このような「言語学習習慣の形成」による指導は、言語材料を自動的に発話できるように習慣化するという行動主義心理学のモデルと変わりがないことも事実です。特に「同化の4段階」における「理解」が、意味理解のレベルに留まっているため、内在化から統合の段階が、「刺激→反応」によるドリル学習となってしまう可能性が十分にあります。そこで、新教材の提示に際しては、意味理解に加えて言語形式とその形式が果たす機能を含む深いレベルの理解に至らせる配慮が必要となります。新しい教材を深く理解させ、その理解に基づいて練習を行い、実際の言語使用場面を想定した練習を通して言語材料の内面化を図る手立てが求められます[12]。

　オーラル・メソッドによる授業が、生徒たちの「使える英語」の習得に効果的かどうかについて論考してみました。その結果、オーラル・メ

---

(12) 具体的な手立ては「第Ⅱ部　オーラル・メソッドの授業における文法指導」に詳述されている。

ソッドは「直接教授法」の延長線上にありますが、直接教授法の問題点である理論化不足を補い、現代における第二言語習得過程に極めて近いモデルが構築されていたことがわかりました。また、すでに確立した母国語の言語習慣を持っている生徒たちにとって不自然な外国語学習とならないように、必要に応じて母語を使用することも認めています。さらに、言語習得に欠かせない良質のインプットを与えるオーラル・イントロダクションや言語知識を自動化させて活用に至らせるさまざまな口頭による練習方法などが確立されていることがわかりました。したがって、オーラル・メソッドによる指導は、英語によるコミュニケーション能力の育成に効果的であると結論づけることができます。

3 オーラル・メソッドによる指導手順

　それでは、日本の中学校や高等学校の教室で、実際にオーラル・メソッドによる授業を行う際の具体的な指導手順について見ていきましょう。個々の手順について説明する前に、50分間の授業の大まかな流れについて解説したいと思います。次の図を見てください。

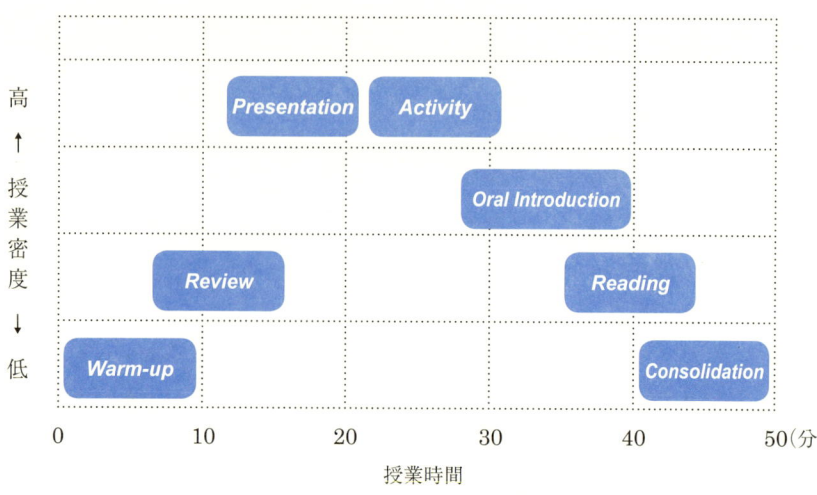

図の横軸は、中学校・高等学校における平常授業（50分間）の授業時間を示します。縦軸には、授業開始時からの生徒たちの意欲・集中力の高まりと授業内容の深まりを「授業密度」として表記しました。生徒たちはまず、授業開始時の "Warm-up" により、休み時間から授業時間へ、他科目の学習から英語学習へのスイッチ切り替えを行います。"Review" において、前回の授業（前時）の学習内容について復習を行い、学習内容の想起と定着により、今日の授業（本時）に対する意欲・集中力が増幅されます。

　授業時間がほぼ半ばにさしかかる頃、生徒が完全に英語学習モードに入ったところで、授業内容として最も重要な "Presentation of New Materials" に入ります。本時における目標文や文法項目などの説明が行われます。引き続き、目標文を用いて行われる "Activity" となります。この2つの授業活動の時間帯がいわゆる「授業の山」と呼ばれる部分で、本時の授業の成否を決する最重要段階となります。

　授業後半は、教科書本文の指導となります。まず、"Oral Introduction" により英語で本文の概要・要点の説明を行い、生徒の理解度をチェックします。次に、"Reading Aloud" では新出語句の発音練習、教科書本文の音読練習を行います。そして最後の "Consolidation" で、本時の学習内容のまとめを行い、授業終了となります。

　それでは、50分間の授業の各段階における指導手順の目的や内容、留意点などについて見ていきましょう。

(1) ウォーム・アップ（Warm-up）

A. 配当時間
　3〜5分

B. 活動の目的
　授業に対する生徒の準備状況を確認し、英語の授業にふさわしい雰囲気作りを行い、生徒の英語学習へのレディネス（Readiness）を高めます。

C. 活動の内容
　出欠の確認、学習環境の整備（机・椅子の整頓、窓の開閉など）、英語によるあいさつ、天候、曜日などについての英問英答などを行います。

D. 留意点

　毎時間、決まったことばのやりとりになりがちですが、実際の言語使用に近づけるように工夫します。また、あいさつや英問英答の他に、英語による教師の話、ナゾナゾ、早口コトバ、英語の歌、生徒の１分間スピーチなど、配当時間内で授業の雰囲気作りや生徒の授業に対するレディネスを高めるような活動（＋１の活動）を設定することが望まれます。

E. セルフ・チェック項目

① あいさつの前に、それぞれの生徒の準備ができているかを確認しましたか。
② あいさつの内容は分りやすく、具体的でしたか。
③ あいさつの声の大きさは適当でしたか。
④ 生徒の目を見て話ができていましたか。
⑤ 適切な英語を多く使いましたか。
⑥ 生徒に質問ができていましたか。
⑦ ＋１の活動内容や形式は工夫できましたか。
⑧ 生徒の反応に対して、適切に対応できましたか。
⑨ 親しみのある、肯定的な態度がとれましたか。
⑩ うちとけた、くつろいだ雰囲気を作れましたか。

(2) 復習（Review）

A. 配当時間

　５〜10分

B. 活動の目的

　本時の授業が、前回の授業で学習した内容の上に展開されるように、主要な言語項目の定着を図る活動や内容理解をより確かなものにするための活動を行い、前時の学習内容を定着・発展させ、本時の学習に意欲的に臨むことができるようにします。

C. 活動の内容

「項目中心の復習」としては、前時の新出単語や教科書本文に関する発音指導（個々の母音と子音、子音の連結や同化、リズムとイントネーションなど）、単語の意味・スペル、文型練習など。「内容中心の復習」としては、前時の教材の聞き取り（開本または閉本）、教科書の音読、英語によるＱ＆Ａ、本文の内容の書きかえ・言いかえなどを行います。

D. 留意点

新教材の導入と練習に十分な時間を取ることができるように、どうしても復習として行わなければならない活動だけに限定し、時間をできるだけ短縮するように心がけてください。

E. セルフ・チェック項目

① 復習の内容は、本時の学習につながる適切なものでしたか。
② 復習内容を順序立てることができましたか。
③ 活動内容や形式を工夫することができましたか。
④ 時間配当（5〜10分）は適切でしたか。
⑤ はっきりとわかりやすく説明できましたか。
⑥ 指示は明快で徹底しましたか。
⑦ 問いをだしてから指名できましたか。
⑧ 指名の前に適切な間をとることができましたか。
⑨ 活動後、すぐに評価ができましたか。
⑩ 評価の内容は適切でしたか。

(3) 新教材（文法・文型）の提示（Presentation of New Materials）

A. 配当時間

10〜15分

B. 活動の目的

できるだけ自然な場面を設定し、教師と生徒、生徒と生徒の話のやりとりの中で新教材を提示して、生徒に新教材の意味・機能を理解させます。

C. 活動の内容

　新出事項の提示は原則的に「オーラル」で行うようにします。実物、絵、動作などを利用して新しい文法形式を適切な場面の中で提示することにより、その意味と働きを理解させるようにします。説明のポイントは1つにしぼり、既習事項と対比して、生徒に違いを気づかせて導入するようにします。

D. 留意点

　提示の段階は教師主導型の活動になりがちですか、できるだけ生徒に発問を投げかけ、生徒の反応を引き出す工夫が大切です。教師の説明は、明快、簡潔に行い生徒の理解を確かめながら進めるようにします。文法的な説明から入ると生徒の理解が困難になるので、文法説明はまとめの段階で行うようにします。

E. セルフ・チェック項目

① 文法・文型の説明のための場面設定は適切でしたか。
② 説明の内容はわかりやすく具体的でしたか。
③ 説明のしかたは簡潔で明快でしたか。
④ 生徒の反応を引き出すように発問や質問ができましたか。
⑤ 発問・質問を出してから、指名しましたか。
⑥ 指名の前に適切な間をとりましたか。
⑦ 生徒の応答に対して、適切に対応できましたか。
⑧ 板書は正確で、説明内容を整理できましたか。
⑨ 生徒がノートを取る時間を考慮しましたか。
⑩ 説明内容のバランスと時間配当（10〜15分）は適切でしたか。

※「発問」と「質問」

　本書では、新教材の提示をはじめとする「説明」の中で、教師があらかじめ「望ましい生徒の応答（答え）」を想定し、生徒を授業に参加させ、それにより説明内容の理解を促すために行う限定的な質問を「発問」と定義します。これに対して「質問」は、生徒のオリジナルな意見や考えを引き出すオープン・エンドな問いを指します。

(4) 文法・文型の練習と発展活動（Practice and Activity）

A. 配当時間
10～15分

B. 活動の目的
基本練習により新しい言語形式に慣れさせ、基本練習の成果に基づいて、実際の言語使用場面を想定した情報交換を伴うコミュニケーション活動を行い、言語運用能力を向上させます。

C. 活動の内容
練習を二段階に大別して、最初に教師の指示のもとに正確な英文を表出する練習（［例］ミム・メム、パタン・プラクティス）を行い、次に目標文法項目を実際の場面で使用する力を伸ばす言語活動（［例］ペア・グループによるコミュニケーション活動）に移行します。

D. 留意点
模倣練習や反復練習など形式中心の基本練習は最小限にとどめ、機械的でなく、できる限り有意味な練習になるように留意します。また、発展的なコミュニケーション活動では、実際に起こりうる言語使用場面を設定し、生徒の自発的な発言を促すように活動を工夫することが重要です。

E. セルフ・チェック項目
① 基本練習や発展活動についての説明や指示は明快で徹底しましたか。
② 基本練習の時間配分と内容は適切でしたか。
③ 発展活動の時間配分と内容は適切でしたか。
④ 基本練習と発展活動の量的なバランスは適切でしたか。
⑤ ペア、グループなどの学習形態は適切で効果的でしたか
⑥ 意味のある文脈、場面設定における練習になりましたか。
⑦ 4技能の指導に有効な活動でしたか。
⑧ 適切な英語を多く使いましたか。
⑨ 生徒の反応に柔軟に即応し、適切なフィードバックを与えましたか。
⑩ 活動全体としての時間配当（10～15分）は適切でしたか。

(5) オーラル・イントロダクション（Oral Introduction of Contents）

A. 配当時間
5～10分

B. 活動の目的
本文全体の概要やストーリーの流れを直感的に把握する力（Subconscious Assimilation）を育成します。また、本文全体の意味内容の理解に必要な新語を文脈の中で導入することにより、新出語句の意味や用法を強く印象づける機会として活用します。

C. 活動の内容
教科書本文の読みに入る前の活動（Pre-reading Activity）として、本文の内容を既習の語彙や文型を使って平易な英語で語って聞かせます。教師は事前に自分の作成したオーラル・イントロダクション原稿の内容を完全に覚えておき、生徒の反応や表情を観察し、理解度を確認しながら行います。必要があれば、生徒の理解が困難な箇所を繰り返したり、言いかえたりします。

D. 留意点
オーラル・イントロダクションに際しては、全神経を聞き取ることに集中させるために、生徒に教科書を「閉本」させて行うようにします。実物・絵・写真・図表などの補助教具はフルに活用し、生徒の注意を引きつけ、注意を持続させるように工夫します。新出語彙については、説明を行う際に黒板の決められた場所にフラッシュカードを掲示して意識化を図るようにします。

E. セルフ・チェック項目
① オーラル・イントロダクションの時間的な長さは適当でしたか。
② オーラル・イントロダクションの内容はよく整理できましたか。
③ オーラル・イントロダクションの内容はよく暗記できていましたか。
④ オーラル・イントロダクションをしながら観察行動ができましたか。
⑤ 生徒の内容理解に応じて、繰り返しや言いかえができましたか。
⑥ 本文の内容理解の確認方法（T or F、Q & A）は適切でしたか。
⑦ 新出語彙の説明は分かりやすく具体的にできましたか。

⑧ 新出語彙の発音指導は適切でしたか。
⑨ 新出語彙の口頭練習の量は適切でしたか。
⑩ フラッシュカードを適切に使用できましたか。

(6) 本文の音読指導（Reading Aloud）

A. 配当時間

5〜7分

B. 活動の目的

音声と文字を結びつけ、教科書の本文を英語らしい発音で正しく読むことができることを目標にして行います。音読をしながら内容理解を深め、最終的には聞き手に内容を伝達することを目的として読むことができるように指導します。

C. 活動の内容

オーラル・イントロダクションによって理解した内容を、文字情報を通してより正確に理解するために行います（内容理解のための音読）。また、内容を十分に理解し、声の大きさや速さ、文の区切り、イントネーション、音の明瞭さなどに注意しながら、すらすらと読めるように行います（音に慣れ、言うのに慣れるための音読）。

D. 留意点

英語学習初期の段階から、相手に聞こえる声で、はっきりと読む読み方を生徒に身につけさせるようにします。生徒が声を出しやすい雰囲気をつくり、意欲的に取り組むことのできる練習形態を工夫します。音読を聞きながら、内容の理解度を確認したり、音読をする上での困難点などにも配慮するようにします。対話文の練習の時には、まず向き合って読むことからはじめ、上手になるにつれて目の位置や身振りにも気を配り、スピーキングにつながる練習になるように留意します。

E. セルフ・チェック項目

① 音読指導の手順が明快で指示は徹底しましたか。
② 教師の範読（Model Reading）は正確に聞き取りやすくできましたか。

③ 全体練習（Chorus Reading）の内容は適切でしたか。
④ 個人練習（Individual Reading）の内容は適切でしたか。
⑤ 全体練習と個人練習の量的なバランスは適切でしたか。
⑥ ペア、グループなど学習形態を効果的に工夫できましたか。
⑦ 内容理解に有効な音読活動でしたか。
⑧ スピーキングにつながる音読練習にまで高められましたか。
⑨ 生徒の困難点に対し、適切なフォロー・アップを与えられましたか。
⑩ 時間配当（5〜7分）は適切でしたか。

(7) まとめと定着（Consolidation）

A. 配当時間
3〜5分

B. 活動の目的
学習内容の定着を図るために、指導事項の整理とまとめを行い、重要事項の確認などを行います。また、次回の授業に対するレディネス形成のために、次回の授業（次時）の予告や宿題・予習の指示を行います。

C. 活動の内容
本時の授業で学習した内容を確認し、まとめる活動を短時間で行います。また、学習内容をより定着させるために「宿題」を与える場合には指示を行います。

D. 留意点
学習内容の確認・まとめを短時間で行うことができるように、目標文や重要ポイントが板書されたままの状態になるように板書を工夫します。宿題に関しては、内容と分量に配慮して、生徒が取り組みやすい具体的な課題になるように留意します。課題を与える場合には次時にチェックを行うことが前提となります。

E. セルフ・チェック項目
① 指導事項の整理とまとめを簡潔に行うことができましたか。
② 重要事項を適切に確認できましたか。
③ 宿題の内容は具体的で適切でしたか。

④ 次時の予告や予習の指示は適切でしたか。
⑤ 短時間（3〜5分）で行うことができましたか。

なお、(1)〜(7)の内、特に「(3) 新教材の提示」「(4) 文法・文型の練習と発展活動」は、オーラル・メソッドの指導技術の基本原則である「同化の4段階」を具体化する中心的な授業活動であり、パーマー教授理論の課題を克服し、その今日的意義を高める上で鍵となる部分ですので「第Ⅱ部 オーラル・メソッドの授業における文法指導」において、文法項目別の具体的な実践例紹介を通して解説します。

4 オーラル・メソッドによる学習指導案の書き方

学習指導案（Teaching Plan）を作成する最大の目的は「教師が授業の目的を生徒に効率的に達成させること」にあります。ですから、特定の指導法に合わせた統一的な書式といったものはなく、地域や学校、教師ごとに記載内容や方法が異なるのが現状です。大まかには「指導内容」「指導手順」および「評価基準」を内容として盛り込む必要があります。Brown（2007）では、1) 単元の目標（Goal）、2) 本時の目標（Objectives）、3) 教材・教具（Materials and Equipment）、4) 指導手順（Procedures）、5) 評価（Assessment）、6) 授業外学習（Extra-class Work）が学習指導案の記載項目として例示されています。

オーラル・メソッドによる学習指導案についても、生徒の効率的な学習を第一の目的として作成することに変わりはありません。特徴としては「指導手順」を前節の(1)〜(7)に基づいて記載することであると言えます。おおむね記載する項目は、下記の通りとなります。

〔学習指導案の記載項目〕

1) 単元名　　　使用する教科書名と扱うLesson（Unit、Program）を書きます。

2) 単元の目標　　　指導する Lesson（Unit、Program）の到達目標を、観点別（関心・意欲・態度、表現の能力、理解の能力、知識・理解）に箇条書きにします。
3) 単元の指導計画　Lesson（Unit、Program）全体を何時間で扱い、本時はその何時間目に当たるのかを明記します。
4) 本時の指導
    (1) 本時の目標　授業の目標を、単元の到達目標に合わせて観点別に箇条書きにします。
    (2) 教材観　　　教材となる新出の文法事項や教科書の指導方法、教材を教えるにあたって考えていることなどを明記します。
    (3) 展開　　　　オーラル・メソッドによる指導手順 (1) 〜 (7) にしたがって授業展開を書きます。「説明」や「指示」の内容はシナリオ形式で書き、指導過程のそれぞれにかける時間配分も行います。
    (4) 評価基準　　本時の目標のそれぞれに対する3段階（A：十分満足できる、B：おおむね満足できる、C：努力を要する）の評価基準を明記します。
5) 板書計画　　　　どのようなことを黒板のどの場所に書き示すかを考え、授業が終了したときの黒板の状態を書いておきます。
6) ワークシート　　授業中に使用するワークシートの実物を掲載します。

5 オーラル・メソッドによる学習指導案の具体例

　中学校と高等学校それぞれの英語授業を、オーラル・メソッドによって行う際の学習指導案の具体例を紹介します。

(1) 中学校の学習指導案〔通常の題材〕

中学校第 2 学年英語科学習指導案

指導者：○○　○○

1. **単元名** UNIT 2　Yumi Goes Abroad
   　　　　NEW HORIZON ENGLISH COURSE BOOK 2（東京書籍）
2. **単元の目標**
   (1) 「質問する」「依頼する」「説明・描写する」ための英語表現を用いて、積極的にコミュニケーション活動に取り組むことができる（関心・意欲・態度）。
   (2) 入国審査の場面での問答ができる（表現の能力）。
   (3) 楽山大仏の由来に関する説明を読んで内容を理解することができる（理解の能力）。
   (4) 未来形（be going to）、SVOO、SVOC の文の形、意味と用法を理解し、表現活動ができる（知識・理解）。
3. **単元の指導計画**
   　第 1 時　Starting Out（週末の予定を尋ね合う）p.14
   　第 2 時　Dialogue（入国審査に挑戦）p.15
   　第 3 時　Reading for Comprehension ①
   　　　　　（楽山大仏について知る）p.16［本時］
   　第 4 時　Reading for Comprehension ②
   　　　　　（楽山大仏の由来について知る）p.17
   　第 5 時　まとめ（プリント学習）

4. 本時の指導

(1) 本時の目標
① 「説明・描写する」ための英語表現を用いて、積極的にコミュニケーション活動に取り組むことができる（関心・意欲・態度）。
② 世界遺産でもある楽山大仏について知る（理解の能力）。
③ SVOC の文の形と意味、用法を理解して表現活動ができる（知識・理解）。

(2) 教材観
本時は、由美が中国の楽山大仏を訪れ、ビデオ収録をしながらナレーションを行うという設定である。言語の使用場面は「中国の観光地」であり、言語の働きは「説明・描写」である。世界遺産である楽山大仏は生徒たちにとって興味深い題材であり、オーラル・イントロダクションとリーディングにより内容理解を促したい。また、新出となる SVOC の文を用いて、英語で説明・描写する表現活動を行い、英語によるコミュニケーションに積極的に取り組む態度を育てたい。

(3) 展開

指導過程	教授・学習活動		指導上の留意点
	生徒の活動	教師の活動	
あいさつ・ウォーム・アップ(3分)	・あいさつと簡単な会話をする "Good morning, Mr. ○○." "Fine, thank you and you?"	・あいさつと簡単な会話をする "Good morning, class." "How are you today?" "I'm fine, too. Thank you." "How was your weekend? I had a very good time with my family. It was a wonderful weekend. Let's begin today's lesson."	・授業の雰囲気づくりや授業に対する生徒のレディネスを形成する

復習（7分）		・前時の学習内容の復習を行う（フラッシュカードを使用して） "First, let's review the words and phrases." Repeat after me. "show," "passport," "Show me your passport, please." "purpose," "sightseeing," "stay," "Enjoy your stay."（カードをランダムにフラッシュさせる）	・前時に学習した項目・内容の内、必要なものに絞り込んで復習を行う
	・教師の後について繰り返す "show," "passport," "Show me your passport, please." "purpose," "sightseeing," "stay," "Enjoy your stay." ・フラッシュカードを見て発音する		
	・教師の後について本文の音読を行う	・教科書 p.15 を開本させ、本文の音読練習を行う "Open your textbooks to page 15. Repeat after me." "This time, I am 係員. You are Yumi." ・係員の部分を読む	
	・由美の部分を読む		
	・係員の部分を読む	"OK, let's change the role. I am Yumi and you are 係員." ・由美の部分を読む	
	・起立してペアで音読練習を行う ・役割を替えて2回読み終わったら着席する	・ペアでの音読練習を指示する "Now stand up, please. In pairs read twice. Change the roles each time. After reading twice, please sit down."	

第Ⅰ部　オーラル・メソッドによる英語授業　35

新教材の提示（10分）		・SVOCの文の形と意味、用法について説明する（グリーン先生が電話をかけている絵を見せながら）	・教師からの一方通行的な説明にならないように、生徒に発問をして理解を確かめながら導入を行う
	・絵を見ながら教師の説明を聞く	"Look at this picture. Who is this?"	
	"She is Ms. Green."	"Yes. What is she doing now?"	
	"She is calling."	"Yes, she is calling her family in Canada."	
		・Ms. Green is calling her family.［板書］	
	「グリーン先生は家族に電話をかけています」	「この文の意味がわかる人は手をあげてください」「そうですね。このcallは1年生の時に『〜に電話をかける』という意味を表すことを学習しました」	
	・教師の後についてリピートする	"Now repeat after me. Ms. Green is calling her family.（×2）" （東京ドームの写真を見せて） "What is this?"	
	"It's Tokyo Dome."	"Yes. It is very big. It has a nickname. What is it?"	
	"It's Big Egg."	"That's right. Its nickname is Big Egg, so we call it Big Egg."	
		・We call it Big Egg.［板書］「この文の意味を考えてみましょう。先ほど復習した文ではcallは電話をかけるという意味でした。このitとは具体的に何を指しますか」	
	「東京ドーム」	「そうですね。このitは東京ドームのことですね。私たちは、それ、東京ドー	

	「ビッグ・エッグ」	ムを call するということですね。どのように call するのですか」
		「そうですね。ビッグ・エッグは東京ドームのニックネームですね。ですから私たちは、それ、東京ドームをビッグ・エッグと call するという意味になります。さて、call は日本語でどのような意味になるでしょうか」
	「呼ぶ」	「そうですね。この call は『呼ぶ』という意味を表し、この例文のように『〜を…と呼ぶ』［板書］という意味になります。それでは文全体としてどのような意味を表しますか。わかる人は手をあげてください」
	「私たちはそれ（東京ドーム）をビッグ・エッグと呼びます」 "We call it Big Egg. (×2) "	「意味が確認できたところでリピートしてください」 "We call it Big Egg.(×2)"
	・ポイントを整理する	・ポイントをノートにまとめさせる

第Ⅰ部　オーラル・メソッドによる英語授業

言語活動① (10分)		・基本練習（ミム・メム）を行う （大仏の写真を見せながら） ・We call it the Great Buddha. ［板書］ "This is 奈良の大仏． We call it the Great Buddha." "Repeat after me."	・有意味な内容で、実際の言語使用に近い場面設定を行い、生徒主体で積極的に活動できるように工夫する
	"We call it the Great Buddha." "We call it the Great Buddha." "We call it the Great Buddha." "We call it the Great Buddha." "We call it the Great Buddha." "We call it the Great Buddha." "We call it the Great Buddha."	"We call it the Great Buddha." （the を消して）"Repeat." （We を消して）"Repeat." （Great を消して）"Repeat." （it を消して）"Repeat." （Buddha を消して）"Repeat." （call を消して）"Repeat." "OK. Very good."	
言語活動②	・活動の仕方を理解する	・ワークシートを配付して活動の仕方を説明する 「ワークシートを見てください。アメリカの大都市にはいろいろなニックネームがつけられています。ペアで会話をして、8つの都市の呼び名を確認してください。自分には	

		わからない都市のニックネームを尋ねる時の質問文を練習しましょう」 "What do you call ＜都市名＞?" ・言語活動をさせる 「それでは始めてください」
	・ペアワークをする	・答え合わせを行う "Now let's check the answers. What do you call New York?"
	"We call it Big Apple."	"Yes. We call New York Big Apple."
	"We call New York Big Apple." "We call it Beantown."	"Repeat." "How about Boston? What do you call Boston?" "That's right. We call Boston Beantown."
	"We call Boston Beantown." "We call it Windy City."	"Repeat." "What do you call Chicago?" "Yes. We call Chicago Windy City."
	"We call Chicago Windy City." "We call it Sin City."	"Repeat." "What do you call Las Vegas?" "Yes. We call Las Vegas Sin City."
	"We call Las Vegas Sin City." "We call it Big Easy."	"Repeat." "How about New Orleans? What do you call New Orleans?" "That's right. We call New Orleans Big Easy."
	"We call New Orleans Big Easy."	"Repeat." （以下、同じ方法で確認とリピート）

口頭による本文の導入（7分）	・教師の口頭による本文説明を聞き本文の内容を理解する	・本文のオーラル・イントロダクションをおこなう ・SVOCの文の意味、新出語句の説明も合わせて行う （由美と中国の地図を見せながら） "Now Yumi is staying in China. Today she is visiting Leshan. Look at this map. Leshan is here. There is a very big Buddha in Leshan. Yumi is looking at the Buddha now. The Buddha is 71 meters tall. Meter means メートル in Japanese. The Buddha is very tall and it is 71 meters. It has a very big foot, too.（足を見せながら）My foot is 26 cm. The Buddha's is very big, so 100 people can sit on the foot. What do they call the Buddha? People call it the Great Buddha of Leshan. People made the Buddha about 1,200 years ago. The Buddha is near the river. People carved it into a mountain.（楽山大仏の写真を見せながら）Look at this picture. The Buddha is in the mountain. About 1200 years ago people carved the Buddha into the mountain. Carve means 彫る in Japanese."	・教科書を閉本させ、実物や絵などを有効活用し、意味内容を直感的に理解できるように英語で説明を行う

		"Listen again. Yumi is now in China and is looking at a very big Buddha. The Buddha is 71 meters tall, and 100 people can sit on the foot. People call it the Great Buddha of Leshan. About 1200 years ago people carved it into a mountain by the river."	

内容理解のチェック(3分)	・教師が出題するT-Fクイズに答える
	
	1. False.
	  She is in China.
	2. True.
	
	3. False.
	
	  It's 71 meters tall.
	4. True.
	
	5. True.
		・内容の理解度をTrue or Falseによってチェックする
		"Now I will say five sentences. Answer in True or False."
		1. Emi is now in Korea. Where is she now?
		2. She is looking at a very big Buddha.
		3. The Buddha is 100 meters tall.
		  How tall is it?
		4 People call it the Great Buddha of Leshan.
		5. The Buddha is 1200 years old and it is near the river.
			・本文の内容理解度を確認する。正しく答えられなかった場合には、該当部分の説明等を繰り返す

新出語句および本文の音読練習（7分）	・教師の後について発音する "Buddha," "meter," "meters," "sit," "foot," "carve," "carved," "into," "mountain," "1200,""Leshan" ・教師の範読を聞く ・教師の後について読む ＊全体 ＊個人	・新出語句の発音練習（フラッシュカードを見せながら）"Repeat after me." "Buddha," "meter," "meters," "sit," "foot," "carve," "carved," "into," "mountain," "1200," "Leshan" ・本文のモデルリーディング ・本文を繰り返させる	・生徒が声を出しやすい雰囲気を作り、はっきりと発音させるようにする
まとめと定着（3分）	・本時のポイントの中で特に身につけさせたい点を整理する。 ・授業終了のあいさつを行う		・最重要ポイントに絞り、短時間で行う

(4) 評価基準

本時の目標①の評価基準

A: 十分満足できる	B: おおむね満足できる	C: 努力を要する
とても積極的に授業に参加することができる。	積極的に授業に参加することができる。	積極的に授業に参加することができない。

本時の目標②の評価基準

A: 十分満足できる	B: おおむね満足できる	C: 努力を要する
楽山大仏に関する本文の内容が正確に理解できる。	楽山大仏に関する本文の内容がほぼ正確に理解できる。	楽山大仏に関する本文の内容がまったく理解できない。

本時の目標③の評価基準

A: 十分満足できる	B: おおむね満足できる	C: 努力を要する
「説明・描写する」ための英語表現（SVOC）を使って、積極的に言語活動ができる。	「説明・描写する」ための英語表現（SVOC）を使って、言語活動ができる。	「説明・描写する」ための英語表現（SVOC）を使って、言語活動ができない。

5. 板書計画

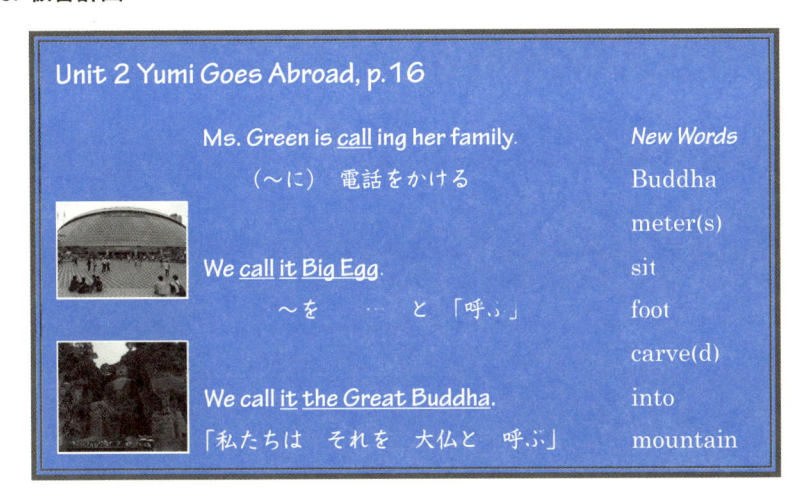

```
Unit 2 Yumi Goes Abroad, p.16

         Ms. Green is call ing her family.      New Words
             （～に）電話をかける               Buddha
                                                meter(s)
         We call it Big Egg.                    sit
             ～を    …と  「呼ぶ」               foot
                                                carve(d)
         We call it the Great Buddha.           into
         「私たちは それを 大仏と 呼ぶ」          mountain
```

6. ワークシート

〔生徒A用〕What Do You Call It?

都市名（it）	ニックネーム（呼び名）
ニューヨーク	Big Apple
ボストン	
シカゴ	Windy City
ラスベガス	
ニューオリンズ	Big Easy
ロサンジェルス	
デトロイト	Motor City
ピッツバーグ	

〔生徒B用〕What Do You Call It?

都市名（it）	ニックネーム（呼び名）
ニューヨーク	
ボストン	Beantown
シカゴ	
ラスベガス	Sin City
ニューオリンズ	
ロサンジェルス	City of Angles
デトロイト	
ピッツバーグ	Steel City

第Ⅰ部　オーラル・メソッドによる英語授業

【本時の授業展開に関する解説】
　50分間で行う標準的なオーラル・メソッドによる授業展開です。
① あいさつ・ウォーム・アップ
　簡単なあいさつに続けて、本時の内容（ゴールデン・ウィークの過ごし方）に関連させて週末の過ごし方について teacher's talk が行われています。
② 復習
　「項目中心の復習」としては、前時に学習した単語の発音練習が行われています。時間があれば単語の意味やスペルの確認なども行うとよいでしょう。「内容中心の復習」としては、前時の教科書本文の音読が行われています。対話形式ですので個人読みによるよりもペアで行う方が効果的です。
③ 新教材の提示
　絵や写真を活用して場面設定を行い、新出事項（SVOC）を「オーラル」で提示しています。既習の「電話をかける」の意味と対比させながら、生徒に違いを気づかせて、call の新しい意味と働きを理解させるようにします。形式と意味の確認ができたところで、教師の発音を模倣させてリピートを行わせるようにします。口慣らしまでを終えたら、時間を取って板書事項をノートにまとめさせるようにします。
④ 言語活動
　活動の前半は、教師の指示のもとに正確な英文を表出する練習として「ミム・メム」を行っています。基本練習の目的は新しい言語形式に慣れさせることですので目標文によっては、パタン・プラクティスを行う方が効果的な場合もあります。その都度、使い分けるとよいでしょう。活動の後半では、目標言語（call）を実際の場面で使用する力を伸ばす言語活動として、ペアによるコミュニケーション活動が行われています。基本練習も同様ですが、生徒が口頭で話す英語が有意味で、生徒が近い将来に実際に口にする可能性がある内容や表現であることが望まれます。
⑤ 口頭による本文の導入、内容理解のチェック
　事前に作成したオーラル・イントロダクション原稿に沿って、本文全体の概要やストーリーの流れを平易な英語で語って聞かせます。内容理解に必要な新出語句の導入も行われています。生徒の反応や表情を観察し、理解

の程度を確認しながら行い、生徒の理解が困難な箇所を繰り返したり、言いかえたりします。

⑥ 新出語句および本文の音読練習

新出語句の発音練習を行った後で開本させ、教師がモデル・リーディングを行い、オーラル・イントロダクションによって理解した内容を文字で正確に確認させるようにします。その後、教師の後についてリピートさせ、英語らしい発音で、すらすらと読めるように練習します。

⑦ まとめと定着

新教材として提示した内容を中心に、ポイントを絞って学習内容のまとめを行います。定着のための課題があれば、宿題として提示します。

(2) 中学校の学習指導案〔読解中心の題材〕

中学校第3学年英語科学習指導案

指導者：○○　○○

1. 単元名 Reading Plus 1 A Mother's Lullaby

　　　NEW HORIZON ENGLISH COURSE BOOK 3（東京書籍）

2. 単元の目標

　(1) 広島の原爆をテーマにしたフィクション（物語）を読み、戦争の悲惨さや平和の尊さについて考えることができる（関心・意欲・態度）。

　(2) 題材の内容がきちんと伝わるように音読することができる（表現の能力）。

　(3) 物語を読んで内容を理解することができる（理解の能力）。

　(4) 既習事項を復習し、新出語句の意味・用法が理解できる（知識・理解）。

3. 単元の指導計画
　　第1時　教科書 p.36［本時］
　　第2時　教科書 p.37
　　第3時　教科書 p.38
　　第4時　教科書 p.39
　　第5時　まとめ（音読発表会）
4. 本時の指導
　(1) 本時の目標
　　① 物語の背景を知り、読むことへの意欲・関心を高めることができる（関心・意欲・態度）。
　　② 教科書 p.36 の内容を読み取ることができる（理解の能力）。
　　③ 新出語句の意味・用法が理解できる（知識・理解）。
　(2) 教材観
　　本時は、広島への原爆投下という事実に基づく作品に、生徒が初めてふれる授業である。まず、広島の原爆をめぐる客観的事実について説明を行い、物語の背景的知識を与えることにより、作品を読むことに対する意欲・関心を高めたい。p.36 の場面は、広島市内にある1本の老木が、聞こえてきた「子守歌」から、原爆投下の日のことを回想するところから始まる。物語の場面設定を十分に理解させて、次ページ以降の内容理解がスムーズに行われるように配慮する。Pre-reading Activity としてオーラル・イントロダクションを行い、リーディングによる内容理解を促したい。また、理解した内容をきちんと伝えられるように音読指導を行い、音読練習に積極的に取り組む態度を育てたい。

(3) 展開

指導過程	教授・学習活動		指導上の留意点
	生徒の活動	教師の活動	
あいさつ・ウォーム・アップ (3分)	・あいさつと簡単な会話をする "Good morning, Mr. ○○." "Fine, thank you and you?"	・あいさつと簡単な会話をする "Good morning, class." "How are you today?" "I'm fine, too. Thank you. Today we are starting to read a new story. Let's read the story and think about war and peace."	・授業の雰囲気づくりや授業に対する生徒のレディネスを形成する
題材説明 (7分)	・資料を見ながら、教師の話を聞く ・作品の背景を理解する	・広島の原爆をめぐる客観的事実を日本語で説明する（資料配付） 「1945年8月6日―広島」を読んで聞かせる 「この原爆投下により多くの尊い命が奪われました。今日から皆さんが英語で読む作品も、原爆による悲しい命の物語です」	・ストーリーの説明にならないように、客観的事実のみを説明する
口頭による本文の導入 (10分)	・教師の口頭による本文説明を聞き本文の概要を理解する	・教科書の閉本を確認し、本文のオーラル・イントロダクションを行う "First, I am going to tell you about the page 36. Please close your textbook and listen to me carefully." "There is a big and old tree in the city of Hiroshima. It stands by a road near the city." (road	・教科書を閉本させ、ピクチャーカードを有効活用し、意味内容を直感的に理解できるように英語で説明を行う

第Ⅰ部　オーラル・メソッドによる英語授業　47

のフラッシュカードを貼り「道」「道路」と書く）
"The tree has seen many things around it for a long time. Through the years, it has seen many things."
"One summer night the tree heard a lullaby."
（lullaby のフラッシュカードを貼る、heard < hear と書く）

（木の下で母親が子どもに子守歌を歌っている絵を見せながら）

"A mother was singing to her little girl under the tree. Look at this picture. The mother and the girl look happy. The lullaby, the song sounds sweet."
（sweet のフラッシュカードを貼り「美しい」と書く）
"They looked happy, and the song sounded sweet.
（木を指さしながら）
The tree listens to the song and thinks of the old days. Then the tree remembered something sad."（remember のフラッシュカードを貼り「思い出す」と書く。something sad と板書する）The tree says, "Yes, it was about sixty years ago. I heard a lullaby that night, too."

	・最初からもう一度聞き、内容を整理する	"Listen again. A big and old tree stands by a road near the city of Hiroshima. Through the years, it has seen many things around it. One summer night the tree heard a lullaby. A mother was singing to her little girl under the tree. They looked happy, and the song sounded sweet. Then the tree remembered something sad. It was about sixty years ago. The tree heard a lullaby that night, too."	
内容理解のチェック（5分）	・教師が出題するT-Fクイズに答える 1. True. 2. False. Her mother. 3. True. 4. True. 5. False. About sixty years ago.	"OK. Now I will tell you five sentences. Answer in True or False." 1. A big, old tree stands by a road near the city of Hiroshima. 2. One summer night a father was singing to his little girl. Who was singing the song? 3. The mother and the little girl looked happy. 4. The song sounded sweet. 5. The tree heard a lullaby about fifty years ago. When did the tree hear the song?	・本文の内容理解度を確認する。正しく答えられなかった場合には、該当部分の説明等を繰り返す

読解活動 （15分）	・本文の読み取りを行う ・挙手をして答える	・ワークシートを配付して、教科書 p.36 を開本させ、本文の読み取りを行うように指示する ・各設問について、挙手をさせて指名し、答え合わせを行う	・机間指導を行い、解答が記入できていない生徒の支援を行う
新出語句および本文の音読練習 （7分）	・教師の後について発音する "road," "lullaby," "sweet," "remember" ・教師の範読を聞く ・教師の後について読む ＊全体 ＊個人	・新出語句の発音練習（フラッシュカードを見せながら）Repeat after me. "road," "lullaby," "sweet," "remember" ・本文のモデル・リーディング ・本文を繰り返させる	・生徒が声を出しやすい雰囲気を作り、はっきりと発音させるようにする
まとめと定着 （3分）	・板書されている語句の意味を確認する。 ・授業外課題として、p.36 の音読を 3 回以上行うように指示する。 ・授業終了のあいさつを行う		・最重要ポイントに絞り、短時間で行う

4) 評価基準

本時の目標①の評価基準

A: 十分満足できる	B: おおむね満足できる	C: 努力を要する
とても積極的に読解活動に取り組むことができる。	積極的に読解活動に取り組むことができる。	積極的に読解活動に取り組むことができない。

本時の目標②の評価基準

A: 十分満足できる	B: おおむね満足できる	C: 努力を要する
本文 p.36 の内容が正確に理解できる。	本文 p.36 の内容がほぼ正確に理解できる。	本文 p.36 の内容がまったく理解できない。

本時の目標③の評価基準

A: 十分満足できる	B: おおむね満足できる	C: 努力を要する
新出語句の意味・用法が、十分に理解できる。	新出語句の意味・用法が理解できる。	新出語句の意味・用法が理解できない。

5. 板書計画

Reading Plus 1 A Mother's Lullaby, p.36

heard < hear
something sad
「悲しいこと」

New Words
road　道・道路
lullaby
sweet　美しい
remember　思い出す

6. ワークシート

Reading Plus 1 A Mother's Lullaby（p.36）

<Reading Points>

① 古くて背の高い木は、どこにありますか。

② 木は昔からずっと何を見てきましたか。

③ ある夏の晩、木は何を耳にしましたか。

④ それはどのような響きでしたか。

⑤ 親子はどのような様子でしたか。

⑥ 木は以前にも子守歌を聞いたことがありました。それはいつでしたか。

【本時の授業展開に関する解説】
　50分間で行う読解活動を中心としたオーラル・メソッドによる授業展開です。
① あいさつ・ウォーム・アップ
　簡単なあいさつに続けて、物語を読み始めることについて teacher's talk が行われています。
② 題材説明
　広島の原爆をテーマにした作品の初回授業であるので、原爆投下という客観的事実に基づいて、題材の説明を行っています。関連する映像などがあれば、より効果的な説明を行うことができます。
③ 口頭による本文の導入、内容理解のチェック
　本文の読み取りに入る前の活動（Pre-reading Activity）としてオーラル・イントロダクションを行います。本文全体の概要やストーリーの流れを平

易な英語で語って聞かせます。内容理解に必要な新出語句の導入も行われています。生徒の反応や表情を観察し、理解の程度を確認しながら行い、生徒の理解が困難な箇所を繰り返したり、言いかえたりします。

④ **読解活動**

<Reading Points> を確認し、While-reading Activity に取り組ませるようにします。オーラル・イントロダクションで概要を把握していますので、内容を詳しく読み取るようにさせます。

⑤ **新出語句および本文の音読練習**

新出語句の発音練習を行った後で開本させ、教師がモデル・リーディングを行い、その後、教師の後についてリピートさせ、英語らしい発音で、題材の内容がしっかり伝えられるように練習します。

⑥ **まとめと定着**

新出語句に絞ってまとめを行います。授業外課題として音読練習を指示します。

(3) 高等学校の学習指導案

高等学校第 1 学年英語科学習指導案

指導者：〇〇　〇〇

1. **単元名** Lesson 6 'Fine' Is Not Always Fine
   WORLD TREK English Course I（桐原書店）
2. **単元の目標**
   (1)「許可を求める」ための英語表現を用いて、積極的にコミュニケーション活動に取り組むことができる（関心・意欲・態度）。
   (2) 英語学習において自分自身が間違えやすい点を発表することができる（表現の能力）。
   (3) 英語の多義語や外国語学習に関する文を読み内容を理解することができる（理解の能力）。

(4) seem + to 不定詞、関係代名詞 what、SVOO（= that 節）の意味と用法を理解し、表現活動ができる（知識・理解）。

3. 単元の指導計画

　　第 1 時　Starting Out（pp.56 ～ 57）
　　第 2 時　本文 1（p.58）、seem + to 不定詞　［本時］
　　第 3 時　本文 2（p.60）、関係代名詞 what
　　第 4 時　本文 3（p.62）、SVOO（= that 節）
　　第 5 時　Summary、Language Review、Communication Practice（pp.64 ～ 65）

4. 本時の指導

　　(1) 本時の目標

　　　① "Fine" に関するエピソードを読み英語の多義語について知る（理解の能力）。
　　　② 多義語に関する自分の誤りについて発表することができる（発表の能力）。
　　　③ seem + to 不定詞や新出語句の意味、用法を理解できる（知識・理解）。

　　(2) 教材観

　　　本時の題材は、ある日本人がアメリカのロサンジェルスにおいて、"Fine" の意味を取り違えたことによるエピソードである。言語の使用場面は「アメリカの都市」であり、言語の働きは「許可を求める」である。多義語の意味を誤解したことに基づく笑い話は生徒たちにとって興味深い題材であり、オーラル・イントロダクションとリーディングにより内容理解を促したい。また、英語学習において自分自身が間違えやすい点を発表する表現活動を行い、英語によるコミュニケーションに積極的に取り組む態度を育てたい。

(3) 展開

指導過程	教授・学習活動		指導上の留意点
	生徒の活動	教師の活動	
あいさつ・ウォーム・アップ（2分）	・あいさつと簡単な会話をする "Good morning, Mr. ○○." "Fine, thank you and you?"	・あいさつと簡単な会話をする "Good morning, class. How are you today?" "I'm fine, too. Thank you. Let's begin today's lesson."	・授業の雰囲気づくりする
復習（3分）	 "She is doing exercise." "It's fine. It's sunny." 「天気がよい」	（公園で体操をしている女の子の絵を見せながら） "Look at this picture. Here is a girl. What is she doing now?" "Yes. She is doing exercise outside. How is the weather?" "That's right. The weather is fine, so she is doing exercise outside."（fine と板書） 「この単語の意味がわかる人は手をあげてください」 「そうですね、天気や気分がよいという意味を表しました。今日はこの fine という単語に関するエピソードを皆さんに紹介します」	・前時に学習した語彙の中から本時の説明に必要なものに絞り込んで復習を行う

口頭による本文の導入（12分）	・教師の口頭による本文説明を聞き本文の内容を理解する	・本文のオーラル・イントロダクションをおこなう ・seem + to 不定詞の意味、新出語句の説明も合わせて行う "Now I am going to talk about today's story. Listen to me carefully. Some English words have several meanings. For example, you know the word, "time." "What time is it now?" The meaning of the word is *jikan*. "We eat three times a day," Its meaning is 3-*kai*. "China is about twenty times as large as Japan." It means 20-*bai*. Some English words have several meanings like this. This sometimes causes misunderstandings." ・misunderstanding［板書］ "There is a story about the misunderstanding caused by the different meanings of the word, "fine." A Japanese friend was trying to park his car in Los Angeles. At last he saw an empty space. There was a notice saying, "Fine for Parking!" ・Fine for Parking!［板書］ "He parked his car and left. However, when he came back, he found an	・教科書を閉本させ、新出語句や文法なども提示しながら、意味内容を直感的に理解できるように英語で説明を行う

angry police officer. The officer shouted, "Can't you read the notice?" My friend answered, "Well, yes, I can read it, but it says fine. That means it's a good place for parking, doesn't it?"
"The police officer seemed to have a good sense of humor."

· have a sense of humor
  ［板書］

"The police officer laughed a little. Then he said. After laughing a bit, he said, "In this case, fine means money that you have to pay as a penalty if you do something wrong."

· fine means money that you have to pay as a penalty
  ［板書］

"So you are not allowed to park here. The Japanese was lucky that the police officer told him not to park the car there and let him go. Luckily, the police officer let him go with just a warning."

· 最初からもう一度聞き、内容を整理する

"Listen again. Some English words have several meanings. This sometimes causes misunderstandings. A Japanese friend was

		trying to park his car in Los Angeles. At last he saw an empty space. There was a notice saying, "Fine for Parking!" He parked his car and left." "However, when he came back, he found an angry police officer. The officer shouted, "Can't you read the notice?" My friend answered, "Well, yes, I can read it, but it says fine. That means it's a good place for parking, doesn't it?" "The police officer seemed to have a good sense of humor. The police officer laughed a little. Then he said. After laughing a bit, he said, "In this case, fine means money that you have to pay as a penalty if you do something wrong. So you are not allowed to park here." Luckily, the police officer let him go with just a warning."	
内容理解の チェック (8分)	・オーラル・イントロダクションの内容を思い出し、ワークシートAの空欄に当てはまる語を記入する	・内容の理解度をワークシートAによってチェックする ・生徒を指名して、空欄に当てはまる語を入れて一文ずつ読ませて答えを確認する	・正しく答えられなかった場合には、該当部分の説明等を繰り返す

新出語句および本文の音読練習（7分）	・教師の後について発音する "meaning," "misunderstanding," "seem," "sense," "humor," " a sense of humor," "a good sense of humor," "bit," "a bit," "penalty," "luckily," "warning" ・教師の範読を聞く ・教師の後について読む ＊全体 ＊個人	・新出語句の発音練習（フラッシュカードを見せながら）"Repeat after me." "meaning," "misunderstanding," "seem," "sense," "humor," " a sense of humor," "a good sense of humor, " "bit," "a bit," "penalty," "luckily," "warning" ・本文のモデル・リーディング ・本文を繰り返させる	・生徒が声を出しやすい雰囲気を作り、はっきりと発音させるようにする
自己表現活動（15分）	・発表の準備を行う ・ペアで発表を行う	・ワークシートBを活用して、多義語に関する自分の誤りについて発表を行うための準備を行わせる ・ペアで発表を行うように指示する	・机間指導を行い、原稿作成等の準備を支援する
まとめと定着（3分）	・本時のポイントの中で特に身につけさせたい点を整理する ・ワークシートCの授業外課題を確認する ・授業終了のあいさつを行う		・最重要ポイントに絞り、短時間で行う

第Ⅰ部　オーラル・メソッドによる英語授業

(4) 評価基準

本時の目標①の評価基準

A: 十分満足できる	B: おおむね満足できる	C: 努力を要する
"fine" に関する本文の内容が正確に理解できる。	"fine" に関する本文の内容がほぼ正確に理解できる。	"fine" に関する本文の内容がまったく理解できない。

本時の目標②の評価基準

A: 十分満足できる	B: おおむね満足できる	C: 努力を要する
とても積極的に発表することができる。	積極的に発表することができる。	積極的に発表することができない。

本時の目標③の評価基準

A: 十分満足できる	B: おおむね満足できる	C: 努力を要する
新出語句（seemを含む）の意味をよく理解し、ワークシートAに正確に解答できる。	新出語句（seemを含む）の意味を理解し、ワークシートAに解答できる。	新出語句（seemを含む）の意味を理解してワークシートAに解答できない。

5. 板書計画

<u>Grammar Point</u>
　＊ **seem** ＋ to 不定詞
　「～するように思われる」

<u>Words & Phrases</u>
　have a good **sense** of **humor**
　「ユーモア感覚が豊かである」

<u>Comprehension</u>
　"misunderstanding"
　"<u>Fine</u> for Parking!"
　… fine means money that you have to pay as a **penalty**

6. ワークシート

A: 本文の内容理解

> * Fill the blanks with the words given below and write appropriate Japanese in [ ].
>
>   Some English words, such as "time," "fine" have several (　　　). This sometimes causes (　　　). In this story, a Japanese friend thinks that "fine" in the notice means [　　　] in Japanese, but it means [　　　] in Japanese. (　　　), the police has a (　　　) of (　　　) and let him go with just a (　　　).
>
>   [warning, luckily, humor, meanings, sense, misunderstandings]

B: 発表内容

① "fine" のようにいろいろな意味を持つ単語をいくつか書き出してみましょう。

_____
_____

② ①の単語の中から、意味を取り違えたために失敗や誤解した経験があったら思い出してください（経験が無ければ、誤解につながるような例を考えてみてください）。

_____
_____
_____
_____

③ ②の内容を、〔例〕を参考に英文で書いてみましょう。

〔例〕 When I asked the way to a store, I misunderstood the meaning of right. A person kindly told me that it is a right way to the store, but I misunderstood that I have to turn right on the way to the store.

_____
_____
_____
_____

C: 授業外課題

今日の授業で習った単語を (1) ～ (5) の分類基準にしたがって、それぞれ分けてみよう。（正しい答えも間違った答えもありません）

| meaning　misunderstanding　seem　sense　humor |
| bit　penalty　luckily　warning |

(1)	好きな言葉	嫌いな言葉

(2)	いい言葉	悪い言葉

(3)	言葉に関係するもの	関係しないもの

(4)(5) は省略

【本時の授業展開に関する解説】
　50分間で、理解した内容に基づいて「自分の意見や考えを表現する活動」を行う高等学校における標準的なオーラル・メソッドによる授業展開です。

① あいさつ・ウォーム・アップ
　時間確保のため、ごく簡単なあいさつに限定されています。

② 復習
　前時に学習した単語の中で、本時に関連する "fine" について意味の確認が行われています。

③ 口頭による本文の導入（新教材の提示を含む）・内容理解のチェック
　「本文の内容理解」については、オーラル・イントロダクションによる概要説明を行い、新出の語句や文型（seem + to 不定詞）も合わせて導入します。内容理解のチェックは英文要旨の作成によって行い、オーラル・イントロダクションが終わったところでワークシートAの空欄にあてはまる語句を記入させます。

④ 新出語句および本文の音読練習
　新出語句の発音練習を行った後で開本させ、教師がモデル・リーディングを行い、オーラル・イントロダクションによって理解した内容を文字で正確に確認させるようにします（内容理解のための音読）。その後、教師の後についてリピートさせ「自分の意見や考え」をスピーキングで伝える表現活動の準備として音読練習を行わせます（音に慣れ、言うのに慣れるための音読）。

⑤ 自己表現活動
　最後の活動は、本文の内容理解に基づき「自分の意見や考え」をスピーキングやライティングによって表現するタスク活動になります。ワークシートの〔例〕を参考にして原稿を書かせ、書き終わった生徒には個人練習を行わせます。原稿が書けない生徒には必要な支援を行います。原稿の準備、練習ができたところでペアによる発表活動を行わせるようにします。

⑥ まとめと定着
　板書事項を中心に、学習内容のまとめを行います。定着のための課題として、ワークシートCの課題を宿題として提示します。

※ 授業展開のオプション

　下記【参考】のような、教科書本文の内容理解（reading comprehension）を行うためのワークシートを作成し、本文の読解活動（リーディング）を中心にして授業展開することも可能です。この場合、オーラル・イントロダクションは Pre-reading Activity として行い、内容理解のチェックは <Check of Understanding> の ［T–F］クイズで行います。その後、<Reading Points> を確認し、While-reading Activity に取り組ませるようにします。

【参考】リーディング中心の指導を行う際のワークシート例
Lesson 6 'Fine' Is Not Always Fine（p.58）

<Check of Understanding>
Are these statements True or False?
(1) English words with several meanings sometimes cause misunderstandings.　［ T / F ］
(2) The Japanese friend parked his car in the empty space though he knew he should not do so.　［ T / F ］
(3) The police officer was angry because my friend didn't say "sorry."　［ T / F ］
(4) The police officer finally understood that my friend did not understand the notice.　［ T / F ］

<Reading Points>
① 1行目の "This" は何をさしますか、具体的に書きなさい。

　────────────────────────

② ある日本人男性はロサンジェルスで何をしようとしていたか。

　────────────────────────

③ その男性は "Fine for Parking!" の看板をどのような意味に理解したか。

④ 男性の帰りを待っていた警官はどのような様子だったか。

⑤ 警官に対して男性はどのような説明をしたか。

⑥ "The police officer seemed to have a good sense of humor." を "seem to ..." に注意して日本語に直しなさい。

⑦ 警官は男性に対してどのような説明をしたか。

⑧ 最終的に、男性はどうなったのか。

(4) 英語による学習指導案

オーラル・メソッドによる授業の学習指導案を英語で書く場合にも、〔記載項目〕に関しては (1) 〜 (3) の日本語による指導案と基本的には同じです。以下に参考例を示します。

Teaching Plan

Instructor: ○○○○○○

1. **Text:** *NEW HORIZON ENGLISH COURSE BOOK 2*（東京書籍）
   UNIT 2 Yumi Goes Abroad
2. **Aims of this unit**
   (1) To encourage the students to communicate in English by using expressions for asking and describing
   (2) To get the students to hold a dialogue when going through passport control
   (3) To get the students to understand the explanation of the Great Buddha of Leshan
   (4) To get the students to understand the use of the following expressions and sentence patterns: be going to, SVOO, SVOC
3. **Allotment:**
   1st period　"Starting Out," (p.14)
   2nd period　"Dialogue," (p. 15) [this period]
   3rd period　"Reading for Comprehension ①," (p.16)
   4th period　"Reading for Comprehension ②," (p.17)
   5th period　"Review Activities," (p.18)
4. **Teaching material and equipment:**
   (1) Textbook　(2) CD　(3) Picture cards　(4) Flash cards
5. **Aims of this period: The students will:**
   (1) understand the situation of this section and know about entry formalities

(2) play the part of an official and a tourist

(3) become familiar with the sentence pattern: SVOO

6. Teaching Procedure:

Procedures	Teaching –Learning Activities		Notes
	Students	Teacher	
Warm-up	Greet the teacher. Listen to the teacher and answer questions.	Greets students. Has a conversation, asks and answers questions.	
Review	Listen to the previous part and read after the CD. Answer review questions.	Review reading. Asks some questions.	CD
Presentation of a new sentence pattern	Understand the situation and the meaning of the sentence.	Tells the students the form and meaning of the target sentence: Show me your passport, please.	A set of pictures
Drills	Pattern practice with pictures. Dialogue practice (T-P Dialogue, P-P Dialogue).	Shows the pictures and gives the oral cues.	
Oral introduction of the new part	Listen to the story and try to understand it.	Gives the students the oral introduction of today's content. Checks the meaning of new words and phrases.	Picture cards Flash cards

Comprehension check	Answer in "True" or "False"	Gives T/F Quiz.	True or False Quiz
Reading	Pronounce new words and phrases. Read after the teacher in chorus. Read individually.	Shows flash cards. Reads as a model. Lets the students repeat.	Flash cards CD
Consolidation	Listen and take notes.	Explains some important points in Japanese.	

第Ⅱ部

オーラル・メソッドの授業における文法指導

1 文法とは何か

　オーラル・メソッドによる英語の授業においては、どのような文法指導を行うことが有効なのでしょうか。この問いに答えるための第一歩として「文法とは何か（What is grammar?）」について考えてみたいと思います。

　これまでに多くの研究者や実践者が「文法とは何か」に対する答えを提示してくれています。代表的な解答をいくつか紹介します。

— What is grammar?

　　Grammar is the system of rules, governing the conventional arrangement and relationship of words in a sentence (Brown, 2007, p.420).

　　Grammar may be roughly defined as the way a language manipulates and combines words (or bits of words) in order to form longer units of meaning (Ur, 2014, p.3).

　　Grammar can be seen as a knowledge of what words can go where and what form these words should take. Studying grammar means knowing how different grammatical elements can be strung together to make chains of words (Harmer, 2013, p.32).

　これらの解答を見てみますと、多少のニュアンスの違いはありますが、いずれも個々の単語が持つ意味を結合させて「語のまとまり」「語のつながり」「一文」レベルの意味を生成させる「規則」「方法」「知識」と解釈することができます。教室でよく行われる「文法とは英語の文を組み立てるために守るべき規則」という説明はこのような解釈に基づいていると言えます。

　しかし、英語で英語を教える授業づくりを行う上で必要となる「英語によるコミュニケーションを支える文法」という観点からは、この解答では必ずしも十分とは言えません。なぜなら、コミュニケーションは通常、少なくとも話し手と聞き手という2名以上の間で行われる考えや情報のやり取りですので、文を組み立てる規則に合わせて意味を伝えるだけではコミュニケーショ

ンは成立しません。状況や場面に応じて、言語を適切に使わなければコミュニケーションの目的を達成することができないからです。そこで参考となるのが Larsen-Freeman (2003) の「文法の3特性枠組み（A Three-Dimensional Grammar Framework）」です（図1）。

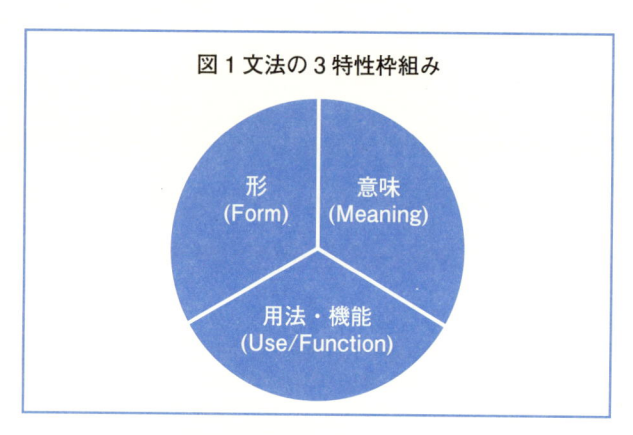

図1 文法の3特性枠組み

形（Form）
意味（Meaning）
用法・機能（Use/Function）

「現在進行形」という文法項目を例として、この3特性枠組みについて説明します。進行形の指導では、be動詞+〜ing＝「〜している」という公式化した説明がよく行われます。この公式の左辺は進行形の「形式（Form）」を、右辺はその「意味（Meaning）」にあたります。つまり、公式化することにより3特性の2つを効率的に説明できていることになります。しかし、このような文法的説明を受けた学習者は、日本語で「〜している」と表現されると、それを進行形で示そうとする傾向が強くなります。例えば、一時的ではなく正式な部員であるにもかかわらず「私は野球部に所属しています」を、"I am belonging to the baseball club." と英訳したり、「私は甲府市に住んでいます」を恒常的に住んでいるにもかかわらず、"I am living in Kofu." のように誤訳することが少なくありません。

そこで、現在習慣になっている動作と現在行われている動作との違いを「時を表す語句」を手がかりにして気づかせ、現在行われている動作を示す場合には現在形ではなく、進行形を用いることをポイントとして理解させるという指導方法が考えられます。つまりこれは、現在進行形の「形」と「意味」の理解にとどめず、現在の行動を「説明する」という進行形の「用法（Use）・

機能（Function）」についての理解を促す指導例と言えます。学習者は、このような「用法・機能」について理解することにより、現在進行形を使用するのはどのような時かを知ることができ、状況や場面に応じて進行形を適切に使用して、コミュニケーションの目的を達成することができるのです。

　英語で英語を教える授業づくりを行う上で必要となる「英語によるコミュニケーションを支える文法」の指導を行うためには、文法の3特性枠組みに沿って、目標文法項目の「形」と「意味」に加えて、その「用法・機能」についても説明を行うことが重要です。すなわち、オーラル・メソッドによる英語の授業における「文法」とは、「英語の文を組み立て、その文を適切に使うために守るべき規則」と定義するのが妥当であると言えます。

2 文法指導の内容

　オーラル・メソッドによる英語の授業における「文法」を「英語の文を組み立て、その文を適切に使うために守るべき規則」と定義づけた時、指導目標となる文法項目について、どのような内容説明を行う必要があるのでしょうか。

　まず第1に、目標文法項目の「形」と「意味」、「用法・機能」それぞれについて説明すべき内容を「指導のポイント」として示す必要があります。「冠詞」を目標文法項目として、「指導のポイント」を例示してみます。

> **1. 指導のポイント**
>
> 　従来の文法指導では、a＝「1つの」、the＝「その」という意味で、前の文に出てきたものを指す時に用いる、という説明が行われることが多かった。しかしこのような説明ではa、theの「不定冠詞」「定冠詞」としての使い方については、十分に理解されない場合が多い。そこで、「もの・ことがただ1つに決定する時」には定冠詞のthe、「ただ1つに決定しない時」には不定冠詞のaという使い分けの原則を理解させるような指導を試みる。

第Ⅱ部　オーラル・メソッドの授業における文法指導

冠詞の「形」と「意味」については、ポイントの前半に書かれていると同様な内容で、これまでの文法指導においても十分に行われてきました。しかしその「用法・機能」については十分に理解されず、特に「不定冠詞」と「定冠詞」の使い分けは日本人英語学習者にとって習得するのが非常に困難な用法の1つとなっています。そこで、ポイントの後半部にあるように、「ただ1つに決定する／しない」という使い分けの原則（用法）を理解させることにより、適切な冠詞の使用につなげるという説明が行われています。

　第2に、「目標とする到達レベル」を設定する必要があります。同じく「冠詞」の例を見てみましょう。

> **2. 目標とする到達レベル**
>
> 　the の使い方は、sequential signal（a＋名詞の形で最初に出たものを、the＋名詞の形で受けて最初の文と結びつける働きをする）と situational（the＋名詞は、話し手と聞き手の双方が状況から判断して指すものが相手にわかるときに用いられる）がある。ここでは、situational な意味・用法を持つ the についての説明を通して、「不定」と「特定」という概念を表す冠詞の働きについての理解を促す。さらに、運用へつなぐための練習として、sequential signal と situational という両タイプの例文について、a/the の使い分けに習熟させるための活動を行い、定着を図る。

　ここに記述する内容は、目標とする文法項目が、実際にどのように使用されるのかを明確にし、その上で、今回の指導において到達させるレベルを設定します。設定内容は、「宣言型知識（Declarative Knowledge）」として与える目標文法項目に関わる知識内容と、その知識を「手続き型知識（Procedural Knowledge）」として強化するための練習内容となります。この例では、「不定」と「特定」の概念を表す冠詞の働きを知識として与え、学習者にその知識を活用して a/the の使い分けを行う活動に取り組ませ、習熟・定着を図る設定となっています。

　そして最後に、指導過程において実際に取り扱う「ターゲットセンテンス」を明記します。冠詞の例を以下に示します。

> 3. ターゲットセンテンス
>
> What is this? / It is a door. / It is a window. / Can you open a window? / Can you open the door? 複数の窓と1つのドアを持つ部屋という設定において、「窓を開けてください」「ドアを開けてください」という表現を対比させ、定冠詞と不定冠詞の使い分けを理解させる。a/the の使い分けに習熟させるための活動を行う。

この例のように、具体的なターゲットセンテンスと合わせて、その取り扱いの概要を記述しておくと、題材選定のためのインデックスとしても利用することができます。

3 文法指導の方法「4P アプローチのすすめ」

　オーラル・メソッドによる英語の授業における文法指導は、「新教材の提示」と「文法・文型の練習と発展活動」において行われ、オーラル・メソッドの指導技術の基本原理である「同化の4段階」を具体化する中心的な授業活動となります。この4段階は、「知覚（Perception）」「理解（Recognition）」「模倣（Imitation）」「再生（Reproduction）」から成り、各段階の詳細については「第Ⅰ部　2. オーラル・メソッドの指導原理」で説明（pp.18-19）を行いました。そして「同化の4段階」には「第二言語習得の認知プロセス（気づき→理解→内在化→統合）」との対応関係を見ることができ、オーラル・メソッドによる授業展開は、生徒たちの「使える英語（＝ 英語によるコミュニケーション能力）」の習得を促進することにつながることが確認されました。このような対応関係を手がかりとして、オーラル・メソッドによる授業における効果的な文法指導の方法について考えてみたいと思います。

(1) 文法指導における「気づき」の重要性

　　近年の第二言語習得研究によりますと、学習者が与えられたインプットの中に含まれる特定の文法項目に意識的に気づき、それらがどのような言語形式としての特徴を持ち、どのような意味を表しているのかに気づくこと（Noticing）は、第2言語習得に不可欠である（Ellis, 1997b; Schmidt et al., 1995; Skehan, 1998）という知見が得られています。この「気づき」を効果的に促進し、学習者の「理解」につながりやすい提示・導入を行い、習熟のために練習・活動させることが文法指導のポイントになると考えられます。このような文法指導を行うための基本的手順を「4Pアプローチ」と名付け、その具体的指導法について説明したいと思います。

(2)「4Pアプローチ」による具体的指導法

1st P: 場面の中で提示する（Presentation in Situations）

　　パーマーは、学習者が教師の話す英語を聞きながら、聞き慣れない、意味がわからない発話単位（Unfamiliar Speech-Unit）を感じ取ることを「知覚」と定義しました。このような生徒の知覚を促すために、新出文法項目が実際に使用される場面を、絵や写真、実物などを活用して設定し、提示を行うようにします。この際に、新出項目に関連する既習の項目（例えば、新出の「未来形」に対して既習の「現在形」や「過去形」など）についても復習をかねて意図的に導入しておくことがポイントとなります。

2nd P: 気づきを促す（Promotion of Noticing）

　　生徒に、聞き慣れない、意味がわからない発話単位として知覚された新出文法項目を、既習の文法項目と対比させることにより新出項目の「言語形式」の特徴について気づきを促すようにします。気づきのレベルは生徒の英語能力によって異なりますので、言語形式面での違いを個人で考えさせた後、ペアやグループで話し合いをさせると気づきがより効果的に促進されます。

3rd P: 意味を推測させる（Prediction of Meaning）

新出文法項目の形式面での特徴が把握されたところで、その「意味・内容」を推測させるようにします。パーマーの「理解」とは、新出文法項目の意味が、話し手のジェスチャーや話されている場面、既習内容の想起などさまざまなきっかけにより認識されることでした。つまり、ここで行われる意味の推測が正しく行われることにより、生徒たちは「新出文法項目が理解できた」ということになります。この段階でも、個人による意味の推測を行わせた後で、ペアやグループによる活動の機会を与え、英語能力の違いによらず全員が自信を持って挙手・回答できるように配慮して、生徒の学習意欲と活気に満ちた授業づくりを行うようにします。

4th P: 言語活動に参加させる（Participation in Practice）

新出文法項目の言語形式および意味・内容が理解できたところで、パーマーの「模倣」と「再生」による言語活動に移ります。活動の前半は、聞き取った発話単位を、聞いた直後にある程度の正確さをもって音声化して繰り返すドリルやプラクティスによる模倣練習に重点をおきます。活動の後半は、知覚して理解し、模倣して音声化できるようになった発話単位を、意味理解を伴って再生できるようにアクティビティー、タスクなどに取り組ませて新出文法項目の同化を促します。ただし、この再生についてはパーマーが「模倣から一定の時間をおいた後、意味理解を伴って再生できることである」と述べているように、初出の段階では、必ずしもアクティビティー、タスクなどのレベルに引き上げる必要はないと思われます。むしろ文法項目の難易度に応じて、模倣練習によって新出文法項目に十分に親しませる時間を取り、次時の「復習」において、知識として言語を理解するレベルから、運用できるレベルの活動に移行して同化に至らせるという扱いも可能です。導入する文法項目や教室の実態に応じて、柔軟に言語活動のレベルや内容を検討することが大切です。

なお、「英語によるコミュニケーションを支える文法」の指導を行うためには、文法の3特性枠組みに沿って、目標文法項目の「形」と「意味」に加えて、その「用法・機能」についても説明を行うことが重要であることを指摘しました。「用法・機能」に関しては、「場面」の中に暗示して気づかせる、意味推測の過程でヒントとして説明を行う、模倣や再生の言語活動において体験的に理解させるなどの指導方法が考えられます（下表）。次節「4. 文法指導の実例」の中で例示します。

「用法・機能」に関する指導

指導場面	指導方法
2nd P で指導する場合	用法・機能を「場面」の中に暗示して気づかせる
3rd P で指導する場合	意味推測の過程で、ヒントとして説明を行う
4th P で指導する場合	模倣や再生の言語活動において体験的に理解させる

(3)「文法用語」の扱いと導入方法

　指導を行った文法項目に対応する「文法用語」の扱いについても、少しふれておきたいと思います。中学校・高等学校における英語学習の基礎として、文法用語を導入しておくことには大きな意義があると思います。しかし、注意しなければならないのは導入のタイミングです。私見としては、文法項目の指導を行った直後やその授業時間中には導入しない方がよいと思います。各単元のまとめの時間に、単元で学習した項目の復習を行い、理解度や定着度を確認した後で「このような表現を未来形と呼びます」のように文法学習の総括として、用語を「紹介する」というスタンスでの導入が望ましいと考えられます。

4 文法指導の実例

オーラル・メソッドによる英語授業の「新教材の提示」と「文法・文型の練習と発展活動」において行われる「4Pアプローチ」による文法指導の実例を文法項目別に紹介していきます。

(1) 目標文法項目：be 動詞の *is*

1. 指導のポイント

これまでの本動詞 be の指導では、「～です、である」という意味および be 動詞（am, are, is）と主語の一致という形式面の指導が重点とされることが多かった。しかしこのような説明では主語とそれを説明する補語を結びつける「連結詞」としての働きについては、十分に理解されない場合が多い。そこで、人物やものの状態や状況などについての説明を行うための基礎的表現として用法の理解・定着を図る。

2. 目標とする到達レベル

前時に学習した、自己紹介文の復習を通しながら、be 動詞の is に着目させる。次に、具体的な人物やものについての説明を英語で行い、用法や表現についての理解を深めさせる。さらに、定着を促すために、例文を参考にして自己表現活動ができるようにする。

3. ターゲットセンテンス

> This is Mike. He is my friend. / This is Japan. It is my country.
> 身のまわりのもの、兄弟姉妹、友だちに関する紹介を、be 動詞の範囲でできる表現を拡充させて行う。

4. 指導過程

	教授活動（4Pアプローチ）	学習活動【同化の4段階】
場面の中で提示する ↓ ↓ ↓	（自分を指しながら） "My name is Yoshihito Sugita.（×2）" ・My name is（自分の名前）．［板書］--- ① 「前回の授業では、英語で自分の名前を紹介するときには、（①の文を指しながら）My name is のあとに自分の名前を続けて言えばよいということを習いました」「それではこの文を使って、何人かの人に自己紹介をしてもらいましょう」 「たいへんよくできました」（①の文を指しながら）「それではこの文の中で使われている、単語の意味を確認しておきましょう」 「この my の意味がわかる人」 「この name の意味がわかる人」 「それでは、この is の意味がわかる人」	（教師の英語や日本語による説明を聞きながら、前時に学習した内容を想起する） （My name is ....の文を使って自己紹介を行う） 「私の、という意味です」 「名前、という意味です」 「〜です、という意味です」
気づきを促す ↓ ↓ ↓	それでは今日は、この is が使われる例を、新しいポイントとして紹介します。（マイクの絵を見せながら） "Look at this picture. This is Mike. He is my friend." "This is Mike. He is my friend.（×2）" ・This is Mike. He is my friend.［板書］--- ② （日本の地図を見せながら） "Look at this map. This is Japan. It is my country." "This is Japan. It is my country.（×2）" ・This is Japan. It is my country.［板書］--- ③	（絵を見ながら教師の英語による説明を聞く） 【知覚】 （それぞれの文を2回ずつリピートする）
意味を推測させる ↓	【意味推測の過程でヒントとして用法を説明する】 「これらの文の意味について考えてみましょう。is は、〜です、という意味でしたね」（②の文の this を指しながら）「ここに注目してください。この単語はどのような意味を表していると思いますか。自分のすぐ近くにいる人を指していますね」 （②の文の he を指しながら）「この単語はどのような意味を表していると思いますか。前の文	【理解】 「この人は、こちらは」

↓ ↓ ↓ ↓ ↓ ↓ ↓ ↓ ↓ ↓ ↓ ↓	の Mike を指していますね」 「そうですね。マイクという語の繰り返しを避けるために置きかえて使っていますね。そしてこの文はマイクと自分の関係について説明しています。どのような関係なのでしょう」 「そうですね。この例では、自分の近くにいる人がマイクという名前で、自分の友だちであることを説明しています」 (③の文を指しながら)「ところでこの文では this はどのような意味を表していると思いますか。Japan を指していますね」 「そうですね、②の文では自分の近くにいる人を指して使われていたので『この人、こちらは』という意味でしたが、この例では、日本を指しているので『これは』という意味になりますね。でも英語ではものをさす場合も人物をさす場合も This is ～という言い方でよいのです」 (③の文の it を指しながら)「この単語はどのような意味を表していると思いますか。前の文の Japan を指していますね」 「そうですね。『これは』と1度話題にのぼったものを『それは』に置きかえて使っていますね。そしてこの文は日本と自分の関係について説明しています。どのような関係なのでしょう」 「これらの is が使われる例のように、is という語は『この人は』と言った時にその人がどのような人物であるかを説明したり、『これは』『それは』と言った時に、それが具体的にどのようなものなのかを説明する時に使われます」	「彼は」 「(自分の) 友だち」 「これは」 「それは」 「自分の国 (母国、祖国)」
言語活動に参加させる ↓	・This is <u>Mike</u>. <u>He</u> is my friend. (板書されている文にアンダーラインを引く) 「これから先生が名前を言いますから、Mike をその名前に置き換えて2つの文が言える人は手を挙げてください」 "Ken" 「○○さん」 "Good. Repeat after me. This is Ken. He is my friend."	【模倣】 (挙手) "This is Ken. He is my friend." "This is Ken. He is my friend."

第Ⅱ部　オーラル・メソッドの授業における文法指導

↓	"Yumi" 「〇〇さん」 "Good. Repeat after me. This is Yumi. She is my friend."	（挙手） "This is Yumi. She is my friend." "This is Yumi. She is my friend."
↓	· This is <u>Japan</u>. It is a <u>small</u> country. 「今度は国の名前を言いますから、Japanをその名前に置き換えて2つの文が言える人は手を挙げてください」	
↓	"America" 「〇〇さん」 "Good. Repeat after me. This is America. It is a big country."	（挙手） "This is America. It is a big country."
↓	「それでは今日の例文を参考にして、具体的なものや人物を取り上げて、友だちに紹介する練習をしてみましょう」 ① This is Takashi.　He is my friend. ② This is Akiko.　She is my mother. ③ This is Canada.　It is a big country. ④ …	【再生】 （できるだけ多く、紹介文を作り5～6人のグループ内で順番に発表する練習を行う）

　この授業における【再生】は、次時までに身近な人の写真や紹介したい国の地図などを準備させて行うのが望ましいと思われます。授業時間内に短時間で行う場合には、4人グループになり、自分の隣の人を説明する活動などが考えられます。

(2) 目標文法項目：*There is/are* 構文

1. 指導のポイント

　これまでの There is/are 構文の指導では、「～が … にある」「～が … にいる」という日本語の訳を前面に出し、他の表現と比較することなく指導されることが多かった。しかしこのような説明では、There is/are は不定の何かが存在することを表すために用いられる表現であることが理解されにくい。そこで、話し手がどのような意識で言っているのか、どのような状況で話しているのかによって、ものの存在を表す言い方は変わることを理解させながら、There is/are 構文の定着を図る。

2. 目標とする到達レベル

　There is, There are のあとにくる名詞は、a, some, any, no, few, three などのつく限定度の薄い名詞表現（不定名詞句）を伴うことが多く、the, my, his, this, that などは伴わない。There is a [some, any など] ～は自然だが、There is the [my, his など] ～は不自然であるという感じを生徒に持たせるような説明を行い、用法や表現についての理解を深めさせる。さらに、部屋の様子などを表した絵などを用意して、ミム・メム→パタン・プラクティスへと進ませ、定着を促すための活動を行う。

3. ターゲットセンテンス

> There is a pen on the desk. / There are two books on the table. の表現と My pen is on the desk（既習）. と比較させながら、存在を示す There is/are ... の構文を導入する。

4. 指導過程

	教授活動（4P アプローチ）	学習活動【同化の 4 段階】
場面の中で提示する ↓ ↓ ↓ ↓	（1本のペンを見せながら）"Look at this. What's this?" "Yes, it is." "Whose pen is this? Do you know?" "This is my pen."（ペンを机の上において）"Where is my pen?" "Yes. My pen is on the desk.（×2）" ・My pen is on the desk. ［板書］--- ① 「1年生の時に、is には『〜です』という意味の他に、（①の文を指しながら）この例のように『机の上に』という場所を表す語句が続くと別の意味になるということを習いました」「それではこの文は、どのような意味を表すかわかる人は答えてください」「たいへんよくできました」 「is だけではなく、am, are などの be 動詞に場所を表す語句が続くと『〜（場所）に…がある（いる）』という意味になることを確認しておきましょう」	"It's a pen." "No, I don't." "It's on the desk." （①の文をリピートする） （教師の英語や日本語による説明を聞きながら、1年次に学習した内容を想起する） 「私のペンは机の上にあります」
気づきを促す ↓ ↓ ↓ ↓	（机の上に1本のペンが置いてある絵を見せながら）"Look at this picture. Whose pen is this? Do you know?" "I don't know, either." "There is a pen on the desk.（×2）" ・There is a pen on the desk. ［板書］--- ② （テーブルの上に2冊の本が置いてある絵を見せながら） "Look at this picture. What are there on the table?" "There are two books on the table.（×2）" ・There are two books on the table. ［板書］--- ③	（絵を見ながら教師の英語による説明を聞く） 【知覚】 "No, I don't." "I don't know." （文を2回リピートする） （文を2回リピートする）
意味を推測させる	【意味推測の過程でヒントとして用法を説明する】 「これらの文の意味について考えてみましょう」 （②の文の there is を指しながら）「ここに注目してください。There is … は『〜がある』という意味を表します。文全体の意味はどのようになると思いますか」	【理解】 「机の上に（1本の）ペンがある」

84　「英語で英語を教える」授業ハンドブック

↓ ↓ ↓ ↓ ↓ ↓ ↓ ↓	「そうですね。(③の文の there are を指しながら) There are ... も『～がある』という意味を表します。文全体の意味はどのようになると思いますか」 「そうですね。それでは、先ほど復習した①の文と、この②③の文の違いはどこにあると思いますか。どうして①の文では is で『～がある』という意味を表し、②③では there is/are ... で同じ意味を表すのでしょうか」 「そうですね。誰のものであるかがわかっているもの（特定なもの）のときには①のように言えばよいのですが、誰のものでもないもの（不定なもの）の時には、文頭に there がついて、There is/are ... で『～がある』という意味を表します」	「テーブルの上に（2冊の）本がある」 「①はペンの持ち主がわかっているが、②や③では持ち主がわからないからです」
言語活動に参加させる ↓ ↓ ↓ ↓ ↓ ↓ ↓ ↓ ↓ ↓ ↓	(板書された文を消しながらミム・メムさせる) "There is a pen on the desk." "Repeat." "Repeat.".... "There are two books on the table." "Repeat." "Repeat.".... (部屋の様子が描かれたワークシートを配付する) 「それでは次の絵を見て、部屋の様子を英語で説明してみましょう。部屋の中にある物について There is/are ... の文をできるだけたくさん書いてください」 "Look at this picture. What are there in the room?" (生徒を指名し、There is/are の文を口頭で1文ずつ言わせる。答えた文を教師の後についてリピートさせる)	【模倣】 "There is a pen on the desk.".... "There are two books on the table.".... 【再生】 (絵を見て、英文を書く) "There is a desk in the room." "There is a speaker near the desk." "There is a guitar near the desk." "There is a clock on the desk." "There is a computer on the desk." "There is a cup on the desk." "There is a picture on the wall." "There are three books on the desk."

第Ⅱ部　オーラル・メソッドの授業における文法指導　85

[ワークシート例]

What are there in the room?
_____
_____
_____

(3) 目標文法項目：現在進行形

1. 指導のポイント

　これまでの指導では、be動詞＋〜ing＝「〜している」というような公式で教えられることが多く、そのような指導を受けた学習者は、日本語で「〜している」と表現されていると、それを進行形で示そうとする傾向が強い。例えば、一時的ではなく正式な部員であるにもかかわらず「私は野球部に所属しています」を、"I am belonging to the baseball club." と英訳したり、「私は甲府市に住んでいます」を恒常的に住んでいるにもかかわらず、"I am living in Kofu." のように誤訳することが少なくない。そこで、この指導では進行形の学習の第一歩として、現在習慣になっている動作と現在行われている動作との違い

を「時を表す語句」を手がかりにして気づかせ、現在行われている動作を示す場合には現在形ではなく、進行形を用いることをポイントとして理解させる。

2. 目標とする到達レベル

既習の「現在形」と対比しながら、発話が行われている時点における動作、すなわち「具体的な目に見える動作」を示すためには「進行形」を用いなければならないことを理解させる。さらに、定着を促すために、具体的な動作を行っている絵を提示して、時を表す語（句）をcueとして、現在形と現在進行形の使い分けが自然にできるようにパタン・プラクティスによる文法練習活動を行う。

3. ターゲットセンテンス

> I teach English every day. I am teaching English now. / You study English on Monday, Wednesday and Friday. You are studying English now.
>
> teach, study という動作を表す動詞（動作動詞）を含んだ例文により、現在形と進行形の意味・用法の違いについて理解させ、進行形と現在形の使い分けに習熟するための文法練習活動を行う。

4. 指導過程

	教授活動（4Pアプローチ）	学習活動【同化の4段階】
場面の中で提示する ↓	（自分を指しながら）"I am a teacher." "I am a teacher of English, so I teach English every day." "I teach English every day (×2)." ・I teach English every day. ［板書］--- ① （生徒たちに向かって）"What do you do? Are you a teacher or a student?" "Yes. You are students, so you study English."	（教師の英語や日本語による説明を聞きながら、前時に学習した内容を想起する） "I am a student."

第Ⅱ部　オーラル・メソッドの授業における文法指導

↓ ↓ ↓ ↓ ↓ ↓ ↓ ↓ ↓ ↓ ↓ ↓	"(On) what days do you study English? When do you study English at school?" "Yes. You study English on Monday, Wednesday and Friday." "You study English on Monday, Wednesday and Friday.（×2）." ・You study English on Monday, Wednesday and Friday.［板書］---② 「（①の文を指しながら）この文の意味を確認しておきましょう。every day とはどのような意味を表しましたか」「そうですね、毎日という意味でした」（every day にアンダーラインをつけ「毎日」と書く）「この teach という語は、私が先生として毎日する動作を表します。先生が毎日行う動作とはどんなことかな」 「たいへんよくできました」（teach にアンダーラインをつけ「教える」と書く） 「（②の文を指しながら）この文の意味を確認しておきましょう。みなさんは、月曜日、水曜日、金曜日に何をするのでしょうか。この study という語の意味に注意して答えてください。わかる人」「そうですね」（study にアンダーラインをつけ「勉強する」と書く）	"We study it on Monday, Wednesday and Friday." 「毎日」 「（英語を）教える」 「英語を勉強する」
気づきを促す ↓ ↓ ↓	【場面の中に用法を暗示して気づかせる】 "O.K. Now I'll ask you a question. What day is today?" "That's right. Today is Wednesday and you are in the classroom now. What are we doing now?" "I am teaching English now（×2）." "You are studying English now（×2）." ・I am teaching English now.［板書］---③ ・You are studying English now.［板書］---④	【知覚】 "It is Wednesday." （それぞれの文を2回ずつリピートする）
意味を推測させる	「これらの文の意味について考えてみましょう。now は、今・現在という意味を表します」（③の文の am teaching にアンダーラインを引く）「ここに注目してください。この部分はどのような意味を表していると思いますか。①の文と比べてください。①は私が毎日行う動作を表し『教える』という意味でしたが、この部分は今	【理解】

↓ ↓ ↓ ↓ ↓ ↓ ↓ ↓	「私が皆さんの前で行っている、目に見える動作を表していますね。日本語ではどのような意味になると思いますか」 「そうですね。今・現在のことですから教える、ではなく教えている、という意味になりますね」 「今度はこの文の意味について考えてみましょう」（④の文の are studying にアンダーラインを引き）「②の study に対して、この部分はどのような意味になると思いますか。今みなさんがこの教室で行っている動作を表していますね。日本語でどのような意味になりますか」 「そうですね。今・現在のことですから勉強する、ではなく勉強している、という意味になりますね」 「この例のように、具体的に目に見えるような、現在行われている動作を言い表す場合には、am teaching とか are studying のように、am/are/is と動詞に ing をつけた形を使います」	「教えている」 「勉強している」
言語活動に参加させる ↓ ↓ ↓ ↓	「絵の中の人物が行っている動作に注目してください。質問をするので答えてください」 ① "This is Takeshi. He watches TV every day." 　"What is he doing now?" 　"Takeshi is watching TV now (×2)." ② "This is Akiko. She plays the piano on Sundays." 　"What is she doing now?" 　"Akiko is playing the piano now (×2)." ③ "This is Ms. Green. She cooks every day." 　"What is Ms. Green doing now?" 　"Ms. Green is cooking now (×2)." 「それでは、絵を見せながらヒントを出しますので、正しい英文を言ってください」 （③の絵を見せて）"Ms. Green", "every day" （①の絵を見せて）"Takeshi", "now …."	【模倣】 "He is watching TV now." "She is playing the piano now." "She is cooking now." 【再生】 "Ms. Green cooks every day." "Takeshi is watching TV now."

第Ⅱ部　オーラル・メソッドの授業における文法指導　　89

(4) 目標文法項目：過去進行形

1. 指導のポイント

この指導では、過去進行形を現在進行形と対比させることにより、「過去のある時点」において行われていた動作を思い描く場合に過去進行形を用いることをポイントとして理解させる。

2. 目標とする到達レベル

既習の「現在進行形」の復習を通しながら、〜ing形は「具体的な目に見える動作」を示すために用いられることを想起させる。次に、過去のある時点を「時計」によって設定し、過去の場面・状況において行われていた具体的な動作はbe動詞を過去形にすることによって示すことを理解させる。さらに、定着を促すために、ワークシートを活用して、過去の特定の時間に何を行っていたかを相互に聞き合うペア活動を行う。

3. ターゲットセンテンス

> I am teaching English now. I was teaching English at ten. / You are studying English now. You were studying Japanese at ten.
> 現在進行形と同じ teach, study という動作を表す動詞（動作動詞）を含んだ例文により、過去進行形の意味・用法の違いについて理解させ、過去のある時点における行動を聞き合うペア活動を行う。

4. 指導過程

	教授活動（4Pアプローチ）	学習活動【同化の4段階】
場面の中で提示する ↓ ↓ ↓ ↓ ↓ ↓ ↓ ↓ ↓ ↓ ↓	"What time is it now?" "Yes, it's eleven o'clock. What are we doing now?" "Yes. You are studying English now（×2）." "I am teaching English now（×2）." ・I am teaching English now.［板書］--- ① ・You are studying English now.［板書］--- ② 「これらの文の意味を確認しておきましょう。now は、今・現在という意味を表しました。」（①の文の am teaching にアンダーラインを引き） 「この部分はどのような意味を表しましたか」 「そうですね。この部分は今私が皆さんの前で行っている目に見える動作『教えている』という意味を表していますね」 「こちらの文の意味はどうなりますか」（②の文の are studying にアンダーラインを引き） 「そうですね。今・現在のことですから勉強する、ではなく勉強している、という意味になりますね」 「これらの例のように、具体的に目に見えるような、現在行われている動作を言い表す場合には、am teaching とか are studying のように、am/are/is と動詞に ing をつけた形を使いましたが、何という形か名前を覚えていますか」	（教師の英語や日本語による質問に答えながら、現在進行形の復習をする） "It is eleven." "We are studying English now." 「教えている」 「勉強している」 「現在進行形」
気づきを促す ↓	【場面の中に用法を暗示して気づかせる】 （時計の針を戻して、1時間前にする） "O.K. Now look at this clock. One hour ago, it was ten o'clock. I was teaching English at ten." "I was teaching English at ten（×2）." ・I was teaching English at ten.［板書］--- ③	（時計を見ながら教師の英語による説明を聞く） 【知覚】

第Ⅱ部　オーラル・メソッドの授業における文法指導

↓ ↓	"What subject did you study in the first period?" "What were you doing at that time?" "You were studying Japanese at ten（×2）."	"Studying Japanese"
意味を推測させる ↓ ↓ ↓ ↓ ↓ ↓	・You were studying Japanese at ten. ［板書］---④ 「これらの文の意味について考えてみましょう」（③の文の was teaching にアンダーラインを引き）「ここに注目してください。この部分はどのような意味を表していると思いますか。①の文と比べてください。①は私が今『教えている』という意味でしたが、この部分は今から1時間前に私が行っていた動作を表していますね。日本語ではどのような意味になると思いますか」 「そうですね。1時間前のことですから教えている、ではなく教えていた、という意味になりますね」 「今度はこの文の意味について考えてみましょう」（④の文の were studying にアンダーラインを引き）「②はみなさんが今、この教室で勉強しているという意味を表していますが、この文はみなさんが1時間前にこの教室で行っていたことを表します。日本語でどのような意味になりますか」 「そうですね。1時間前の10時には勉強していた、という意味になりますね」	【理解】 「教えていた」 「勉強していた」
言語活動に参加させる ↓	「それでは、昨夜から今朝までの自分の行動をよく思い出してください。これから、時計を少しずつもどしていきますので、その時点で自分が行っていたことを今日の例文を参考にしてワークシートに記入してください。1つ例を示します」 ［例］（時計を8:30にして） "I was coming to school at eight thirty this morning.（×2）"	【模倣】

↓	① （時計を 8:00 にして） "What were you doing at eight?"	"I was walking to school at that time."
↓	② （時計を 7:00 にして） "What were you doing at seven?"	"I was eating breakfast at that time."
↓	③ （時計を 6:00 にして） "What were you doing at six?"	"I was sleeping in my bed at that time."
↓	④ （時計を 10:00 にして） "What were you doing at ten last night?"	"I was studying math at that time."
↓	⑤ （時計を 9:00 にして） "What were you doing at nine last night?"	"I was watching TV at that time."
↓	「それでは、隣の人に①から⑤の質問をしてみましょう。自分と同じだったら〇を、異なっていた ら×を〔　　〕に書き入れましょう」	
↓		【再生】 （ワークシート①〜⑤についてペアワークを行う）
↓		

[ワークシート例]

① What were you doing at eight?

　　　　　　　　　　　　　　　　　　　　　　　　　　　　　　相手

　　I _____ at that time. 〔　　〕

② What were you doing at seven?

　　I _____ at that time. 〔　　〕

③ What were you doing at six?

　　I _____ at that time. 〔　　〕

④ What were you doing at ten last night?

　　I _____ at that time. 〔　　〕

⑤ What were you doing at nine last night?

　　I _____ at that time. 〔　　〕

第Ⅱ部　オーラル・メソッドの授業における文法指導

(5) 目標文法項目：受動態

1. 指導のポイント

　　これまでの受動態の指導では、能動態と受動態を機械的に書き換える活動がよく行われ、その結果として「能動態と受動態はどちらもほぼ同じ意味を表す」という誤った認識を持つ生徒が多かった。談話には、話し手が何かを述べる場合に、聞き手と共有している情報（旧情報）を最初に置き、それを取っかかりにして新しいこと（新情報）を述べる、という原則がある。この原則を応用し、能動態よりも受動態が好まれる状況を設定して、受動文の意味を文脈から考えさせ、理解を促進する。

2. 目標とする到達レベル

　　旧情報が新情報に先立つという談話における語順の原則から受動文の意味を推測させ、能動文との意味および用法の違いについて理解させる。また、同様の情報構造による場面設定を行い、受動文の使用が自然に感じられる場面の中で、文法項目定着のための練習を行い、受動態の文に習熟させる。

3. ターゲットセンテンス

> Many people play soccer. / Soccer is played in many countries of the world.
> 世界的スポーツであるサッカーに関連する話題により文脈を提示する。

4. 指導過程

	教授活動（4Pアプローチ）	学習活動【同化の4段階】
場面の中で提示する ↓ ↓ ↓ ↓	（絵を見せながら）"Look at this picture. You can see a stadium. This is a soccer stadium. World Cup Russia will be held in 2018. More than 200 countries have their national teams. How many teams can play in the World Cup? Do you know?" "Yes, that's right. It is very hard to play in the World Cup, so Samurai Japan tries to do their best for the games." "People in many countries like soccer very much and they play it." "Many people play soccer." ・Many people play soccer.［板書］--- ① "Today soccer is one of the most popular sports in the world, so <u>soccer is played in many countries of the world</u>."	（絵を見ながら教師の英語による説明を聞く） "I don't know." "Only thirty two teams." 【知覚】 （教師の英語による説明を聞きながら、受動文の意味を文脈から考える） ［soccer が話題になっており、それを受けて so 以下の文では新情報を伝えるために受動態の文が使われる］
気づきを促す ↓	"OK, listen to me carefully. Soccer is played in many countries of the world（×2）." ・Soccer is played in many countries of the world.［板書］--- ② （①の文を指しながら）「この文は世界中の多くの人がサッカーをする、という意味ですね（①の文の play に下線をつけ『（プレイ）する』と書く）」	
意味を推測させる ↓ ↓ ↓	（②の文を指しながら）「それではこの文がどのような意味になるか、考えてみましょう」「今やサッカーは世界的なスポーツで多くの人に愛されています。ですからサッカーは世界の多くの国で？」「そうですね。この is played という部分は、（①の文を指しながら）『多くの人がする』に対して『サッカーが行われる、プレイされる』という意味を表しますね。（②の文の is played に下線をつけ『（プレイ）される』と書く）」 「それではこの文を後について読んでみてください」 "Soccer is played in many countries of the world（×2）."	【理解】 「行われる」 「プレイされる」 （教師の後についてリピートする）

第Ⅱ部　オーラル・メソッドの授業における文法指導

言語活動に参加させる	【模倣や再生の言語活動において体験的に用法を理解させる】 ・Soccer is played in many countries of the world. 「スポーツと国の名前を言いますから、その名前に置き換えて文が言える人は手を挙げてください」 "Baseball, America" 「〇〇さん」 "Good. Repeat after me. Baseball is played in America." "Table tennis, China" 「〇〇さん」 "Good. Repeat after me. Table tennis is played in China." （ペアごとに異なるカードを配布して、会話形式を板書する） 「隣の人とペアになり、それぞれのスポーツの試合を観戦するにはどの国がよいか情報交換をしてみましょう」 "OK, now let's practice." A: Excuse me. I want to see [種目] games. Where is [種目] played? B: It is played in [国名]. That's very popular there. A: Thank you.	【模倣】 （挙手） "Baseball is played in America." "Table tennis is played in China." 【再生】 （ペアになり、会話形式に沿って情報交換活動を行う）

Student A's card	
Soccer	/ in Germany
Basketball	/ in [ ]
Tennis	/ in [ ]
Volleyball	/ in Brazil
Rugby	/ in New Zealand
Handball	/ in [ ]

Student B's card	
Soccer	/ in [ ]
Basketball	/ in America
Tennis	/ in the UK
Volleyball	/ in [ ]
Rugby	/ in [ ]
Handball	/ in Spain

(6) 目標文法項目：助動詞 *have to*

1. 指導のポイント

　これまでの have to ... の指導では、「have to ... は『～しなければならない』という意味を表し must と同じ意味である」という説明は行われてきたが、have to, must の含意についての説明はあまり行われず、do not have to ... と must not ... の意味が異なる理由について理解できている学習者は少ないのが実情である。ここでは、have to の含意を既習の不定詞（名詞的用法）と比較して説明することにより、have to と do not have to の意味について理解を促す。

2. 目標とする到達レベル

　have to ... の後に続く不定詞は、like to ... の場合と同様に名詞的用法であり、have to の含意は「どうしてもしなくてはならない必要性を持つこと」という意味であることを説明し、do not have to については「必要性を持たない」→「～する必要がない、しなくてもよい」という意味になることを理解させる。また、本時では直接取り扱わないが must の含意は「絶対に必要である」という意味であり、have to ＝ must と考えてよいということと、must not は「～しないことが絶対に必要である」→「～してはならない」という意味になるという説明を行う。

3. ターゲットセンテンス

> I like to study English. / I have to study English very hard. / I do not have to study Japanese so hard.
> like to ...（既習）と比較させながら、「必要性」を表す表現として have to, do not have to を理解させ、弱形の発音に注意させながら have to を含む基本文のパタン・プラクティスを行い、定着を図る。

4. 指導過程

	教授活動（4P アプローチ）	学習活動【同化の4段階】
場面の中で提示する ↓ ↓ ↓ ↓	（英語を勉強している人の絵を見せながら） "Look at this picture. Who's this? It's me. I study English every day." "I like to study English. (×2)" ・I like to study English. ［板書］--- ① "Repeat after me. I like to study English. (×2)" 「前のユニットで、（①の文を指しながら）この例のように "to 動詞" という形を含む文について学習しました。それではこの文は、どのような意味を表すかわかる人は答えてください」 「たいへんよくできました」（to study にアンダーラインをつけ）「この文のように、動詞のすぐ後に続く "to 動詞" という形は『〜すること』という意味になることを確認しておきましょう」	"It's Mr. Sugita." ①の文をリピートする （前のユニットで学習した内容を想起する） 「私は英語の勉強をすることが好きです」
気づきを促す	"I like to study English and study it every day. But my English is not good, so I have to study English very hard." "I have to study English hard. (×2)" ・I have to study English hard. ［板書］--- ②	【知覚】 （教師の英語による説明を聞く） （それぞれの文を2回ずつリピートする）
意味を推測させる ↓ ↓ ↓ ↓	【意味推測の過程でヒントとして用法を説明する】 「この文の意味について考えてみましょう」（②の文の to study を指しながら）「この文でも have という動詞の後に to study があります。to study はどのような意味を表しますか」「そうですね、動詞の後に続く "to 動詞" という形は『〜すること』という意味を表しましたね。でもそのまま日本語にすると『勉強することを持つ』となりますが、少し不自然ですね。もう少し自然な意味にするにはこの『こと』の意味をどのようにすればよいと思いますか」（have to study にアンダーラインをつけ『勉強する（　）を持つ』と書く） 「そうですね。この部分は『勉強をする必要性	【理解】 「勉強すること」 「勉強する義務」 「勉強する必要（性）」

↓ ↓ ↓	を持つ』というのがもともとの意味で、『勉強しなければならない』という意味を表す表現として使われます。読む場合にも have の『持つ』という意味は薄れているので弱く『ハフ』と読むようにします」 "Repeat after me, please." "I have to study English hard.（×2）"	
気づきを促す ↓	"OK. Very good. I like to study English, but my English is not good. So I have to study it very hard. I am Japanese and can speak Japanese well. "I do not have to study Japanese so hard.（×2）" ・I do not have to study Japanese so hard. 　［板書］--- ③．	【知覚】 文を2回リピートする
意味を推測させる ↓ ↓ ↓ ↓	【意味推測の過程でヒントとして用法を説明する】 「この文はどのような意味になると思いますか。(do not have to study にアンダーラインをつけ) ②の文のもともとの意味は『勉強する必要性を持つ』という意味でした。この文は do not ですから、どのような意味になるでしょうか」「そうですね。do not have to study で『勉強する必要性を持たない→勉強しなくてもよい』という意味を表します」 「この文を読む場合にも have は弱く『ハフ』と読むようにします」 "Repeat after me, please." "I do not have to study Japanese so hard.（×2）" "I don't have to study Japanese so hard.（×2）"	【理解】 「勉強する必要性を持たない」 「勉強する必要がない」 「勉強しなくてもよい」 (教師の後についてリピートする)
言語活動に参加させる	「それでは今日の基本文を、先生の指示にしたがって言いかえてみましょう」 最初の文のリピートに引き続き、テンポよく cue を出し、①〜⑤の文がすらすら言えるようにパタン・プラクティスを行う。 "I have to study English hard. Repeat." ① "I have to study English hard. You" ② "You have to study English hard. We"	【模倣】 "I have to study English hard." "You have to study English hard." "We have

第Ⅱ部　オーラル・メソッドの授業における文法指導　99

↓ ↓ ↓ ↓ ↓ ↓ ↓ ↓ ↓	③ "We have to study English hard. Go to school" ④ "We have to go to school.　On Sundays" ⑤ "We don't have to go to school on Sundays." I have to study English hard. (Kenjiの絵を見せながら). "This is Kenji.　Kenji has to study English hard (×2)." 「この場合にも has の『持つ』という意味は薄れているので弱く『ハス』と読むようにします」 最初の文のリピートに引き続き、テンポよく cue を出し、⑥〜⑩の文がすらすら言えるようにパタン・プラクティスを行う。 "Repeat after me, please. Kenji has to study English hard." ⑥ "Kenji has to study English hard.　Emi" ⑦ "Emi has to study English hard.　help her mother" ⑧ "Emi has to help her mother. Go to school" ⑨ "Emi has to go to school.　On Sundays" ⑩ "Emi doesn't have to go to school on Sundays."	to study English hard." "We have to go to school." "We don't have to go to school on Sundays." (教師の cue にしたがって文の言いかえ練習を行う) 【模倣】 "Kenji has to study English hard." "Emi has to study English hard." "Emi has to help her mother." "Emi has to go to school." "Emi doesn't have to go to school on Sundays."

　この授業では、【模倣】のためのパタン・プラクティスの量が多いので、【再生】は次時に行うことにします。月曜日から金曜日までの平日に行わなければならないこと、土曜日と日曜日の週末には行う必要がないことを、自分の隣の人に説明する活動などが考えられます。

[ワークシート例]

Activities	Weekdays	Weekends
Get up early in the morning	have to / don't have to	have to / don't have to
Go to school		
Study many subjects		
Clean my room		
Help my mother for dinner		
Go to a juku-school		

(7) 目標文法項目：現在完了形

1. 指導のポイント

　これまでの指導では、現在完了形＝ have ＋過去分詞で、「ずっと～している（継続）」「～したことがある（経験）」「～したところだ（完了）」「～した（その結果）今～である（結果）」という意味と用法の違いについての説明が一般的であり、現在の話し手の気持ちと過去の出来事を結びつけながら今の気持ちを伝えるという、現在完了形の本質的意味についての指導はあまり行われてこなかった。ここでは、過去形・現在形と現在完了形を対比して説明することにより、現在完了形の本質的意味について理解を促す。

2. 目標とする到達レベル

　現在完了形の初出という設定で行われる授業であるので、have (has) lived を live, lived と対比させ、過去のある時点から継続している動作や状態を表す表現（継続用法）であることを理解させる。また、動作・状態の起点からの「期間」を表す for ～, since ～の使い分けについても説明を行い、現在完了形の基本文を口頭で言いかえることができるようにする。

3. ターゲットセンテンス

> Ms. Green lived in Canada two years ago. / She lives in Japan now. / She has lived in Japan for two years.
> live を含む過去形・現在形の文と対比させながら、「過去の出来事を結びつけながら今の気持ちを伝える」表現として現在完了形を理解させる。「期間」を表す、for ～, since ～の使い分けに習熟するように基本文のパタン・プラクティスを行い、定着を図る。

4. 指導過程

	教授活動（4P アプローチ）	学習活動【同化の 4 段階】
場面の中で提示する ↓ ↓ ↓ ↓ ↓ ↓	（英語を教えている先生の絵を見せながら） "Look at this picture. Who's this? This is Ms. Green. Where is she from?" "Yes. Ms. Green came to Japan two years ago. Before she came to Japan, she lived in Canada." "Ms. Green lived in Canada two years ago. (×2)" ・Ms. Green lived in Canada two years ago. ［板書］--- ① "Now she lives in Japan. She lives in Japan now. (×2)" ・She lives in Japan now. ［板書］--- ② "Repeat after me. Ms. Green lived in Canada two years ago. She lives in Japan now. (×2)" 「(①の文を指しながら) この文は、どのような意味を表すかわかる人は答えてください」 「たいへんよくできました」(lived にアンダーラインをつけ)「この文はグリーン先生の 2 年前のことを言っていますので『住んでいた』という意味になります」	"It's Ms. Green." "She is from Canada." （文をリピートする） 「グリーン先生は 2 年前にカナダに住んでいた」
気づきを促す ↓ ↓ ↓ ↓	【場面の中に用法を暗示して気づかせる】 (②の文を指しながら)「この文は現在のグリーン先生のことについて言っていますが、この文だけではグリーン先生が日本にいつから住んでいるのか、どのくらいの期間住んでいるのか、など日本に来てから今日までのことがよくわかりませんね」 ・Ms Green ___ ___ in Japan ___ two years. ［板書］--- ③ 「それでは、これからグリーン先生が日本に来てから今日までのことを言い表す文を言いますので、下線部にはどのような語が入るか、注意して聞いてください」 "Ms. Green has lived in Japan for two years. (×2)" 「確認をしてみましょう」「最初の部分にはどのような語が入りますか」「そうですね。後の線	（教師の英語による説明を聞く） 【知覚】 "has lived"

↓ ↓	部にはどのような語が入りますか」「そうですね。この for two years で『2年間』という意味を表します」	"for"
意味を推測させる ↓ ↓ ↓ ↓ ↓ ↓ ↓ ↓ ↓	「それでは、文全体の意味はどうなると思いますか」（has lived にアンダーラインをつけ『（ずっと）住んでいる』と書く）「そうですね。この部分は 2 年前にカナダから日本に来てから『ずっと住んでいる』という意味を表します」 "Repeat after me, please." "Ms. Green has lived in Japan for two years.（×2）" "OK. This year is 2016. Two years ago, it was 2014." "Listen to me carefully. Ms. Green has lived in Japan since 2014.（×2）" ・Ms. Green has lived in Japan since 2014.　［板書］--- ④ 「この文の意味について考えてみましょう」（③の文を指しながら）「前半はこの文と同じですね」（since 2014 にアンダーラインをつけ）「この部分は『2年間』にあたる期間を別の言い方にしているわけですね。さて、文全体としてどのような意味になると思いますか。わかる人は手をあげてください」 「そうですね。for two years の for は『～間』という意味を表しましたが、この例の 2014 年のように、ある出来事が始まった時点（起点）『から、以来』という表し方をする場合には "since" という語を使うようにします」 "Repeat after me, please." "Since（×2）Ms. Green has lived in Japan since 2014.（×2）" （④の文の下に）→ for ＋ 期間、since ＋ 起点［板書］	【理解】 「グリーン先生は 2 年間、日本に住んでいる」 「2014 年から、ずっと日本に住んでいる」
言語活動に参加させる	「それでは今日の基本文を、先生の指示にしたがって言いかえてみましょう」 最初の文のリピートに引き続き、テンポよく cue を出し、①〜⑤の文がすらすら言えるようにパタン・プラクティスを行う。 "Ms. Green has lived in Japan for two years. Repeat."	（教師の cue にしたがって文の言いかえ練習を行う） 【模倣】 "Ms. Green has lived in Japan for two years."

第Ⅱ部　オーラル・メソッドの授業における文法指導

↓ ↓ ↓ ↓ ↓ ↓	① "Ms. Green has lived in Japan for two years. She" ② "She has lived in Japan for two years. Tokyo" ③ "She has lived in Tokyo for two years. 2006" ④ "She has lived in Tokyo since 2006. there" ⑤ "She has lived there since 2006." それでは［例］にならい、みなさん自身のことについて言ってみましょう。 ［例］I have lived in Japan for (　) years. 　　　I have lived in (　) for (　) years. 　　　I have lived in (　) since (　). 　　　I have lived here < for/since > (　).	"She has lived in Japan for two years." "She has lived in Tokyo for two years." "She has lived in Tokyo since 2006." "She has lived there since 2006." 【再生】 (5～6人のグループ内で順番に発表する練習を行う)

(8) 目標文法項目：比較級

1. 指導のポイント

　　従来の文法指導では、比較級：～ er ＋ than … ＝「…より～である」というような公式によって説明されることが多かった。しかしこのような説明を行うと、生徒の理解は「…より」＝ than … となりがちで、比較級の基本となる形態素～ er そのものの意味は十分に理解されていない場合が多い。そこで、2つのものを比べて、一方が他方より性質・状態・分量などの程度が高い、あるいは低いことを表す表現の基本は、形態素～ er そのものにあることを理解させるように指導を試みる。

2. 目標とする到達レベル

　　比較級は smaller に限定し、形態素～ er が「より～」という意味を持つことを、日本とイギリスの国土面積の比較する活動を通しながら理解させる。また、than … については「比較する対象を言うために、付け加えて表す」という説明を行う。さらにターゲットとなる smaller を使っての比較が可能な具体例について簡単な問答練習を行い、比較級の文型を定着させる。

3. ターゲットセンテンス

> Japan is small. / UK is small. / Which is smaller, Japan or UK? / UK is smaller than Japan.
>
> どちらも小国である日本とイギリスの国土面積を比較させ、smaller の意味を理解させる。smaller で具体的に比較することのできる例文により、定着を図るための活動を行う。

4. 指導過程

	教授活動（4P アプローチ）	学習活動【同化の４段階】
場面の中で提示する ↓ ↓ ↓ ↓	（日本の地図を見せながら） "Look at this map. This is Japan. Is Japan a big country or small country in the world?" "Yes. Japan is small. It has an area of 377,600 square kilometers. Japan is small." ・Japan is small. ［板書］--- ① （Japan の下に 377,600km^2 と書く） （イギリスの地図を見せながら） "Look at this map. This is UK. Is UK a big country or small country in the world?" "Yes. UK is small, too." ・UK is small. ［板書］--- ② "OK. Repeat after me, please. Japan is small. (×2)" "UK is small. (×2)"	"It is a small country." "It is a small country." （教師の後についてリピートする）
気づきを促す ↓ ↓	【場面の中に用法を暗示して気づかせる】 "OK. Both Japan and UK are small countries. Now I'll ask you a question. Which is smaller? Which is smaller, Japan or UK? (×2)" "If you think Japan is smaller, please raise your hand." "OK, if you think UK is smaller, please raise your hand." ・Which is smaller? ［板書］--- ③	（教師の英語による説明を聞く） 【知覚】 （どちらかに手をあげる）

第Ⅱ部　オーラル・メソッドの授業における文法指導

↓ ↓	"Now I'll tell you the answer. Listen to me carefully." "UK has an area of 244,820 square kilometers, so UK is smaller than Japan. (×2)" ・UK is smaller than Japan.［板書］--- ④	
意味を推測させる ↓ ↓ ↓ ↓ ↓ ↓	「(③の文を指しながら) 先生が皆さんに尋ねた質問文の意味について考えてみましょう」(③の文のsmallerを指しながら)「この単語はsmallという語に似ていますが少し違っていますね。smallは『小さい』という意味を表しましたが、この単語はどのような意味を表すと思いますか。先生がした質問の内容をよく思い出してください。わかる人」 「そうですね。(smallerにアンダーラインをつけ『より小さい』と書く) この単語はスモーラーと発音してsmallの『小さい』という意味に対して、『より小さい』という意味を表します」 「(④の文を指しながら) それでは質問に対する答えの文の意味を確認しましょう。(UKの下に244,820km²と書く) このデータからも明らかですが、この答えの文はどのような意味になると思いますか」「そうですね。このように2つのものを比べて、その違いを言い表す時には、smallのような形容詞にerを付けます。(④の文を指しながら) また、特に比べたものを示したい時にはこの文のようにthan ... という形を付け加えるようにします」 (④の文を指して)	【理解】 「どちらが小さいか」 「どちらがより小さいか」 「イギリスは日本よりも小さいです」
言語活動に参加させる ↓	「それではこの文のUK, Japanを他の国名に置き換えて全文を言ってください」 "UK is smaller than Japan. Repeat." "Korea, China" "Italy, France" "Spain, Russia" 「それではこれからいくつか皆さんに英語で質問をしますので、この文 (④の文を指しながら) を参考にして、英語で答えてください」	【模倣】 "UK is smaller than Japan." "Korea is smaller than China." "Italy is smaller than France." "Spain is smaller than Russia." 【再生】

↓	Which is smaller, Hokkaido or Kyushu?	Kyushu is smaller than Hokkaido.
↓	Which is smaller, America or Australia?	Australia is smaller than America.
↓	Which is smaller, 5 yen coin or 50 yen coin?	50 yen coin is smaller than 5 yen coin.
↓	Which is smaller, 10 yen coin or 100 yen coin?	100 yen coin is smaller than 10 yen coin.
↓	Which is smaller, A4 size or B5 size? （質問文に対して生徒が答えた文を、その都度全員にリピートさせるようにする）	B5 size is smaller than A4 size.

(9) 目標文法項目：冠詞

1. 指導のポイント

　従来の文法指導では、a＝「1つの」、the＝「その」という意味で、前の文に出てきたものを指す時に用いる、という説明が行われることが多かった。しかしこのような説明ではa、theの「不定冠詞」「定冠詞」としての使い方については、十分に理解されない場合が多い。そこで、「もの・ことがただ1つに決定する時」には定冠詞のthe、「ただ1つに決定しない時」には不定冠詞のaという使い分けの原則を理解させるような指導を試みる。

2. 目標とする到達レベル

　theの使い方は、sequential signal（a＋名詞の形で最初に出たものを、the＋名詞の形で受けて最初の文と結びつける働きをする）とsituational（the＋名詞は、話し手と聞き手の双方が状況から判断して指すものが相手にわかるときに用いられる）がある。ここでは、situationalな意味・用法を持つtheについての説明を通して、「不定」と「特定」という概念を表す冠詞の働きについての理解を促す。さらに、運用へつなぐための練習として、sequential signalとsituationalという両タイプの例文について、a/theの使い分けに習熟させるための活動を行い、定着を図る。

3. ターゲットセンテンス

> What is this? / It is a door. / It is a window. / Can you open a window? / Can you open the door?
> 複数の窓と1つのドアを持つ部屋という設定において、「窓を開けてください」「ドアを開けてください」という表現を対比させ、定冠詞と不定冠詞の使い分けを理解させる。a/the の使い分けに習熟させるための活動を行う。

4. 指導過程

	教授活動（4P アプローチ）	学習活動【同化の 4 段階】
場面の中で提示する ↓ ↓ ↓	（絵を描き加えながら、答えさせる） （部屋を表す大きな□の中に、小さな□を1つ描いて）"Look at this. What is this?"（小さな□の中に線を十字に加えて）"What's this?" "Yes. It is a window."（大きな□の中に、同様の絵を描き加えて）"This is a window, too." （大きな□の中に、ドアを表す小さな□をさらに1つ描いて）"Look at this. What is this?" （□の中に、ドアノブを表す小さな○を加えて） "What's this?" "Yes. It is a door. There are two windows and a door in this picture."（大きな□全体を指して）"What is this?" "That's right. This is a room. It has two windows and a door. Now you and I are in this room."	"It's a window." "It's a door." "It is a room."
気づきを促す ↓ ↓	"OK. I feel it is a little hot in this room. Then I will ask you. Can you open a window?（×2）" ・Can you open a window?［板書］--- ① "Repeat after me. Can you open a window?（×2）" "Thank you, but it is still hot. Oh, it is about 32℃." "Can you open the door?（×2）" ・Can you open the door?［板書］--- ② "Repeat after me. Can you open the door?（×2）"	（教師の英語による説明を聞き、文をリピートする） 【知覚】

意味を推測させる ↓ ↓ ↓ ↓ ↓ ↓ ↓ ↓	【意味推測の過程でヒントとして用法を説明する】 「(①の文を指しながら）先生が皆さんに依頼した文の意味について考えてみましょう」(①と②の文を交互に指しながら)「この2つの文を比べてみてください。window と door という単語の他にも少し違っているところがありますね」「どこが違っているか、わかる人」 「そうですね。(a window にアンダーラインをつけ）この文では window の前に a が置かれています」(the door にアンダーラインをつけ）「それに対し、こちらの文では door の前に the が置かれています」「どうして a/the という異なる語が使われているのでしょうか。その理由を考えてみてください」 「それでは理由を説明します。この部屋には窓が2つあります。a window は window 1 か 2 のどちらかを指します。つまり、先生はどちらでもよいから窓を開けてくださいと頼んだわけです。それに対し、ドアは1つしかないので、その特定のドアを開けてくださいと頼んだのです。このように、話そうとしているものや人がはっきりしている時には the を使い、はっきりと決められない時には a を使うようにします」	【理解】 「a window と the door」 「・・・」
言語活動に参加させる ↓ ↓ ↓	「それでは①〜⑤の文について、a/an または the のどちらを使うのが適切か考えてみてください」 ① I have (　) car. (　) car is new. ② "Can I ask you (　) question?" "Sure." ③ "Where's Tom?" "He's in (　) kitchen." ④ Paris is (　) interesting city. ⑤ Paris is (　) capital of France. (①〜⑤について、生徒が答えた文を、その都度全員にリピートさせるようにする） (ワークシートを配付する）「ワークシートの〇を元にしてある物を描いてください。その絵の説明を英語で書いてください。準備ができたら隣の人に考えた物を英語で伝えてください。説明を聞いた人はそれを絵で描いてください」	【模倣】 I have a car. The car is new. Can I ask you a question? He's in the kitchen. Paris is an interesting city. Paris is the capital of France. 【再生】 (絵を描いて説明文を英語で考え、準備ができたら隣の人とペアワークを行う)

第Ⅱ部　オーラル・メソッドの授業における文法指導

［ワークシート例］

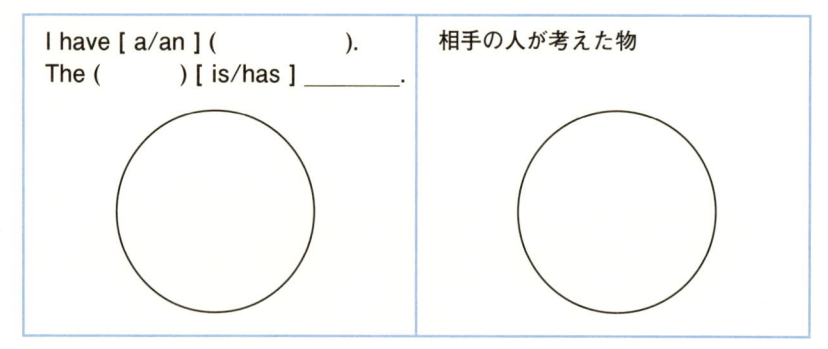

I have [a/an] (　　　　　). The (　　　) [is/has] ＿＿＿＿.	相手の人が考えた物

［説明の例］　I have a donut.
　　　　　　　The donut has a lot of sugar.

(10) 目標文法項目：未来表現 *be going to*

1. 指導のポイント

　　これまでの指導では、未来形＝ be going to ＝ will「～するつもりです、～でしょう」という言語形式と意味についての説明が一般的であり、単純未来・意志未来・近接未来などの、未来形の本質的意味についての指導はあまり行われてこなかった。ここではまず、過去形・現在形と対比して未来形を導入し、その後で will と比較して説明することにより、未来形の本質的意味（意志未来）について理解を促す。

2. 目標とする到達レベル

　　「未来形」初出の授業であるので、be going to play を play、played と対比させ、時を表す語句（every day、yesterday、tomorrow）を手がかりにして、前もって考えていた意図を表す「～するつもりです」という意志未来の用法について理解させる。また、be going to を will に置きかえた文を提示して、前者は「発話の時点よりも前から（あらかじめ）考えていた意図」を表し、後者は「その場の状況に応じた意図」を表すことを説明する。さらに、未来形の基本文を口頭で言いかえることができるようにする。

3. ターゲットセンテンス

> I play tennis every day. / I played tennis yesterday. / I am going to play tennis tomorrow. / I will play tennis tomorrow. という表現を対比させ、未来形の意味と言語形式を理解させる。未来形に習熟させるための活動を行う。

4. 指導過程

	教授活動（4P アプローチ）	学習活動【同化の 4 段階】
場面の中で提示する　↓　↓　↓　↓　↓　↓	（テニスをしている男性の絵を見せながら） "Look at this picture. Who's this? It's me. I like tennis, so I play tennis every day." "I play tennis every day. (×2)" ・I play tennis every day.［板書］--- ① "I play tennis every day, so I played tennis yesterday." "I played tennis yesterday. (×2)" ・I played tennis yesterday.［板書］--- ② 「（①の文を指しながら）この文は、どのような意味を表すかわかる人は答えてください」「よくできました」 （play と every day にアンダーラインをつけ）「この文は私が毎日することを言っていますので『（テニスを）する』という意味になります」 「（②の文を指しながら）この文は、どのような意味を表すかわかる人は答えてください」「よくできました」（played と yesterday にアンダーラインをつけ）「この文は私が昨日したことを言っていますので『（テニスを）した』という意味になります」	「私は毎日テニスをする」 「私は昨日テニスをした」
気づきを促す	"OK, listen again. I like tennis and play tennis every day. I played tennis yesterday. Tomorrow I am going to play tennis. I am going to play tennis tomorrow. (×2)" ・I ＿＿＿ play tennis tomorrow.［板書］--- ③	（教師の英語による説明を聞く） 【知覚】

↓ ↓ ↓ ↓ ↓ ↓	（③の tomorrow を指しながら）「この単語はトゥモロウと発音して『明日』という意味を表します。つまりこの文は、明日の私の予定について言っています。もう一度同じ文を言いますので、下線部にはどのような語が入るか、注意して聞いてください」 "I am going to play tennis tomorrow. (×2)" 「確認をしてみましょう」「それぞれどのような語が入りますか」「そうですね」 "OK. Now repeat after me, please." "I am going to play tennis tomorrow. (×2)"	"am" "going" "to"
意味を推測させる ↓ ↓ ↓ ↓ ↓ ↓ ↓ ↓ ↓	【意味推測の過程でヒントとして用法を説明する】 「この文の意味を考えてみましょう」（①の文を指しながら）「この文は『毎日』ですから『する』という意味になりました」（②の文を指しながら）「この文は『昨日』ですから『した』という意味になりました」（③の文を指しながら）「さて、この文は『明日』ですから文全体としてどのような意味になると思いますか。わかる人は手をあげてください」 「そうですね。この am going to play は『（テニスを）するつもりです』という、前から考えていた予定や計画などを表します。この文とほぼ同じ意味になる文を言いますので、特にこの am going to play の部分をどのように言いかえているか、よく注意して聞いてください」 "I will play tennis tomorrow. (×2)" （③の文の am going to の下に）→ will［板書］ 「この例のように、am going to の部分は、この will という語に置きかえることができます。そしてほとんど同じような意味で使うことができるのですが、全く同じではありません。am going to は、話している時よりも前から、あらかじめ考えていたことを『するつもりです』という意味を表しますが、この will は、前々から特に予定していたことではなく、その場の状況で『することにしましょう』という意味を表します」 will（〜することにしよう）　［板書］	【理解】 「明日テニスをする」「明日テニスをするつもりだ」「明日テニスをする予定だ」「明日テニスをするでしょう」

| 言語活動に参加させる
↓
↓
↓
↓
↓
↓
↓
↓
↓ | 「それでは今日の基本文を、先生の指示にしたがって言いかえてみましょう」
最初の文のリピートに引き続き、テンポよく cue を出し、①〜⑤の文がすらすら言えるようにパタン・プラクティスを行う
I am going to play tennis tomorrow. Repeat.
① "I am going to play tennis tomorrow. Study English"
② "I am going to study English tomorrow. You"
③ "You are going to study English tomorrow. He"
④ "He is going to study English tomorrow. will"
⑤ "He will study English tomorrow."
「それでは、今週日曜日の予定を立ててみましょう。[例] にならい、友だちと会話をして、自分と同じ予定を立てている人を見つけましょう」
[例１] 予定が同じ場合
You:　　What's your plan for Sunday morning?
Friend 1: I am going to play baseball. How about you?
You:　　Let's play together!

[例２] 予定が異なる場合
You:　　What are you going to do on Sunday afternoon?
Friend 2: I will watch DVDs. How about you?
You:　　I am going to play soccer. Thank you. | 【模倣】
(教師の cue にしたがって文の言いかえ練習を行う)

"I am going to study English tomorrow."
"You are going to study English tomorrow."
"He is going to study English tomorrow."
"He will study English tomorrow."
【再生】
(与えられた時間内にできるだけ多くの生徒と会話して同じ予定を立てている人を見つける) |

[ワークシート例]

今週日曜日の予定

時間帯	自分の予定（I am going to/will）	同じ予定の人
午前		
午後		
夕方		

第Ⅱ部　オーラル・メソッドの授業における文法指導

(11) 目標文法項目：不定詞

1. 指導のポイント

　これまでの指導では、名詞的用法「～すること」形容詞的用法「～するための」副詞的用法「～するために」という３用法の違いを、日本語の意味や文法用語によって区別させる指導が一般的であった。ここでは、名詞的用法の不定詞を含む文と含まない文を対比して to ＋動詞の形式に注目させ、既習の be going to についての知識を活用することにより、不定詞の持つ「未来志向性」の意味について理解を促す。

2. 目標とする到達レベル

　「不定詞」初出の授業であるので、I like tennis. を I like to play tennis. と対比させ、既習の I am going to play tennis. を手がかりにして、to ＋動詞は「自分がこれから、こういうことがしたいという気持ち」を表す不定詞の未来志向性の意味について理解させる。また、to play を to watch に置きかえた文を提示して、理解度の確認を行う。さらに、不定詞を含む基本文を口頭で言いかえることができるようにする。

3. ターゲットセンテンス

> I like tennis. / I like to play tennis. / I am going to play tennis tomorrow. という表現を対比させ、不定詞の意味と言語形式について理解させる。不定詞に習熟させるための活動を行う。

4. 指導過程

	教授活動（4P アプローチ）	学習活動【同化の 4 段階】
場面の中で提示する ↓ ↓ ↓ ↓ ↓ ↓	（テニスをしている男性の絵を見せながら） "Look at this picture. Who's this? It's me. I like tennis, so I play tennis every day." "I like tennis.（×2）" ・I like tennis.［板書］--- ① I like tennis and play tennis every day. Tomorrow I am going to play tennis. "I am going to play tennis tomorrow.（×2）" ・I am going to play tennis tomorrow. 　［板書］--- ② 「（①の文を指しながら）この文は、どのような意味を表すかわかる人は答えてください」「よくできました」 「（②の文を指しながら）この文は、どのような意味を表すかわかる人は答えてください」「よくできました」（am going to play にアンダーラインをつけ）「この文は私が明日、予定していることを言っていますので『（テニスを）するつもりです』という意味になります」	 「私はテニスが好きです」 「私は明日テニスをする」 「私は明日テニスをするつもりです」
気づきを促す ↓ ↓ ↓	"OK, listen again. I like tennis and play tennis every day. I like to play tennis.（×2）" ・I like ___ ___ tennis.［板書］--- ③ （③の文を指しながら）「もう一度同じ文を言いますので、下線部にはどのような語が入るか、注意して聞いてください」 "I like to play tennis.（×2）" 「確認をしてみましょう」「それぞれどのような語が入りますか」「そうですね」 "OK. Now repeat after me, please." "I like to play tennis.（×2）"	（教師の英語による説明を聞く） 【知覚】 "to" "play"

第Ⅱ部　オーラル・メソッドの授業における文法指導　115

| 意味を推測させる ↓ ↓ ↓ ↓ ↓ ↓ ↓ ↓ ↓ ↓ ↓ | 【意味推測の過程でヒントとして用法を説明する】
「この文の意味について考えてみましょう」（②の文を指しながら）「まずこの文を見て下さい。同じ言い方をしている部分があります」（am going to play を指しながら）「この部分は、先ほどの復習で、前から考えていた予定や計画などを表していて『（テニスを）するつもりです』という意味になるという確認をしました」（③の文を指しながら）「実はこの文の to play も『自分がこれから、こういうことがしたいという気持ち』を表す時に使われる表現なのです。ですからこの文は、①の文と同様に『テニスが好きです』と言っているのですが、そのテニスをどのようにしたい、どのようにすることが好きなのかをこの to play で言い表しているのです。それでは、この文は全体としてどのような意味になると思いますか。わかる人は手をあげてください」
「そうですね。この to play は『〜したい気持ち』というもともとの意味から『〜すること』とほぼ同じ意味になると考えてよいでしょう。（③の文の to play の下に）→「〜すること」［板書］
「それではもう1つの例について考えてみましょう」
"Listen to me carefully. I like baseball, but I don't play it. I watch the game on TV every night. I like to watch baseball games on TV. (×2)"
・I like to watch baseball games on TV. ［板書］---④
（④の文の to watch の部分にアンダーラインをつけ）「アンダーラインをつけた部分に注意して、この文の意味がわかる人は手をあげてください」
「よくできました。この文はもともと『野球の試合が好きで、テレビで見たい気持ちがする』という意味で、そこから『テレビで見ることが好きです』という意味になります」 | 【理解】

「私はテニスをすることが好き」「プレイするのが好き」

「私はテレビで野球の試合を見ることが好きです」 |

| 言語活動に参加させる
↓
↓
↓
↓
↓
↓ | 「それでは今日の基本文を、先生の指示にしたがって言いかえてみましょう」
最初の文のリピートに引き続き、テンポよくcueを出し、①〜⑤の文がすらすら言えるようにパタン・プラクティスを行う。
"I like to play tennis. Repeat."
① "I like to play tennis.　watch the game on TV"
② "I like to watch the game on TV.　You"
③ "You like to watch the game on TV.　She"
④ "She likes to watch the game on TV.　Play the piano"
⑤ "She likes to play the piano."
「それでは、[例]にならい、友だちと自由時間の過ごし方について会話をしてみましょう」
[例] You:　What do you like to do in your free time?
　　　Friend: I like to play soccer. How about you?
　　　You:　Me, too. Let's play together! | 【模倣】
(教師のcueにしたがって文の言いかえ練習を行う)
"I like to play tennis."
"I like to watch the game on TV." "You like to watch the game on TV." "She likes to watch the game on TV." "She likes to play the piano."

【再生】
(与えられた時間内でできるだけ多くの生徒と会話する) |

(12) 目標文法項目：関係代名詞 *who*

1. 指導のポイント

　　　これまでの指導では、関係代名詞 who は "Emily is a girl. She has long hair." のような2つの文を1つにする場合に使うという説明が行われ、その後で機械的に2つの文を関係代名詞 who を使って1つの文にする練習を行うことが多かった。しかし、関係代名詞の機能とは、ある名詞（先行詞）について説明が必要となる場面において、その名詞を詳細に説明する文を導く働きにあることについて理解を促す。

2. 目標とする到達レベル

　　　「関係代名詞」初出の授業であるので、I know that girl. という文をもとにして、まず既習の I know that pretty girl.（形容詞・前置修飾）と I know that girl on stage.（形容詞句・後置修飾）を対比させ「句」

レベル以上の詳細な説明を付け加える必要がある場面設定を行い、I know that pretty girl <u>who</u> is dancing on stage. を導入する。さらに、関係代名詞の意味と働きを理解させるために、who～による説明の部分を含んだ文の「英語的意味」を考える練習を行う。

3. ターゲットセンテンス

> I know that girl. / I know that pretty girl. / I know that girl on stage. / I know that pretty girl who is dancing on stage. という表現をそれぞれ対比させ、関係代名詞の意味と言語形式について理解させる。関係代名詞 who～による説明の部分を含んだ文の「英語的意味」を考える練習を行う。

4. 指導過程

	教授活動（4Pアプローチ）	学習活動【同化の4段階】
場面の中で提示する ↓ ↓ ↓ ↓ ↓ ↓	（ステージで踊っている女の子の絵を見せながら） "Look at this picture. You can see a girl. I know that girl." ・I know that girl. [板書] --- ① "Her name is Jane. She is pretty. I know that pretty girl." ・I know that pretty girl. [板書] --- ② "Where is she? She is on stage. I know that girl on stage." ・I know that girl on stage. [板書] --- ③ （①の文を指しながら）「この文は絵の中のあの女の子を知っている、という意味ですね」（②の文を指しながら）「それではこの文はどんな意味になるでしょうか」 「そうですね。この pretty という語は、かわいい、かわいらしいという意味で女の子の説明をしていますね」 （③の文を指しながら）「それではこの文はどんな意味になるでしょうか」	（絵を見ながら教師の英語による説明を聞く） 「私はあのかわいい女の子を知っています」 「私はステージの上にいるあの女の子を知っています」

↓ ↓ ↓ ↓	「はい、on stage はステージの上の、とか舞台上のという意味で、やはり女の子がどこにいるかを説明しています」「この2つの例で特に大切なことは、女の子という言葉を説明する働きとしては、pretty も on stage も同じですが、原則的に1語で説明する場合には説明したい言葉の前に置き、2語以上の場合には説明したい言葉の後に置く、ということを思い出しておいてください」	
気づきを促す ↓ ↓ ↓	【場面の中で用法を暗示して気づかせる】 「それでは今日の新しいポイントについて説明します」（同じ絵を見せながら） "Look at this picture. I know that pretty girl. She is Jane. She is on stage. Look at her very carefully. What is she doing?" "Yes, she is dancing. Now, listen. I know that pretty girl who is dancing on stage.（×2）" ・I know that pretty girl who is dancing on stage.［板書］--- ④	（絵を見ながら教師の英語による説明を聞く） 【知覚】 "She is dancing."
意味を推測させる ↓ ↓ ↓ ↓ ↓ ↓ ↓	「この文がどのようなことを言っているのか考えてみましょう。まず前半は、私はあのかわいらしい女の子を知っています、という意味でしたね」（④の文の who を指しながら）「ここに注目してください。この単語はどのような意味で習いましたか」 「そうですね、これまでは『だれ』という意味で使いましたね。そのような意味の場合、文のどこで使いましたか」（④の文を指しながら） 「でもこの文の場合、who は文の途中におかれています。このような who はこれまでとは違った意味と働きをしています。意味は『どのような○○かと言えば～』となり、○○は who のすぐ前にある言葉を指します。この例の場合には girl です。そして～の部分には who の後に続く部分の意味があてはまります」（④の文のwho 以下を指しながら）「この例の場合には、～のところはどのような意味になりますか」 「そうですね。ですから文全体としては、私は	【理解】 「だれ」 「文の最初」 「ステージの上で踊っている」

第Ⅱ部　オーラル・メソッドの授業における文法指導　　119

↓ ↓ ↓ ↓ ↓ ↓ ↓	あのかわいらしい女の子を知っています、どういう女の子かと言えば、ステージの上で踊っている女の子、という意味になります」（日本語で意味を板書する） 「でも、この意味は英語的意味で日本語としては不自然な感じがしますね。もう少し自然な日本語にできないかな。隣の人と相談して、もう少し自然な言い回しに直してください」「はい、それでは相談した結果を発表してください」 「そうですね」（解答を板書する）「この who 以下の部分は自然な日本語では、説明をしたい女の子の前に置かれますが、英語の場合は 2 語以上の長い説明になっていますので、girl の後に置かれることになります。そして girl という語の説明をしている部分だよ、ということがよくわかるように who ～ という形を取っているのです」	「私は<u>ステージの上で踊っている</u>あのかわいらしい女の子を知っています」
言語活動に参加させる ↓ ↓ ↓ ↓ ↓ ↓	「それでは今日の基本文を、先生の指示にしたがって言いかえてみましょう」 （最初の文のリピートに引き続き、テンポよく cue を出し、すらすら言えるようにパタン・プラクティスを行う） "I know that pretty girl who is <u>dancing on stage</u>. Repeat. I know that pretty girl who is dancing on stage." "Playing tennis." "Reading a book." "Walking with a dog." 「それぞれの文の英語的意味を考え、who ～ による説明の部分を含んだ文を考える練習をしてみましょう」 ①（英語的意味）「あの男の子を見なさい、どういう男の子かと言えばブラウン先生と話している男の子です」 ②（英語的意味）「グリーンさんは先生です、どういう先生かと言えばカナダ出身の先生です」	【模倣】 "I know that pretty girl who is playing tennis." "I know that pretty girl who is reading a book." "I know that pretty girl who is walking with a dog." 【再生】 （①から③の「英語的意味」から、英語に直す作業を行う） "Look at that boy *who* is talking to Mr. Brown." "Ms. Green is a teacher *who* comes from Canada."

	③（英語的意味）「私には友達がいます、どういう友達かと言えばギターを上手に弾くことができる友だちです」	"I have a friend *who* can play the guitar well."

[ワークシート例]

① 「あの男の子を見なさい」 どういう男の子かと言えば 「ブラウン先生と話している」

_____ who _____

② 「グリーンさんは先生です」 どういう先生かと言えば 「カナダ出身の」

_____ who _____

③ 「私には友達がいます」 どういう友達かと言えば 「ギターを上手に弾くことができる」

_____ who _____

(13) 目標文法項目：仮定法過去

1. 指導のポイント

　これまでの指導では、仮定法 = If + 主語 + 動詞の過去形〜, 主語 + 助動詞の過去形〜. という言語形式で、仮定の節「〜だったら」+ 推測の節「…だろうに」のように、過去形でも話者の現在の判断を表す意味になる、という説明を行うのが一般的であった。ここでは、「過去形は遠さを表す」という過去形の本質的意味についての指導を行い「現実からの遠さ→仮定を表す」という意味理解を促す。

2. 目標とする到達レベル

　最初に「現在形」の文と「過去形」の文を対比させ、文字通りの意味と裏の意味について考えさせる。特に、過去形とは「遠さ」を表し、「現実からの遠さ→事実に反する仮定（仮定法）」の意味になることを、例文の比較を通しながら理解させる。また、理解・定着を促すための練習として、仮定法過去を含む文の意味を考えさせ、自分自身のことについて仮定法過去の文を口頭で言えるようにする。

3. ターゲットセンテンス

> I know her address. / I knew her address. という表現を対比させ、過去形の本質的意味について理解させる。次に If I knew her address, I would visit her. という文で、仮定法過去の意味と言語形式を理解させる。仮定法過去の文に習熟させるための活動を行う。

4. 指導過程

	教授活動（4Pアプローチ）	学習活動【同化の4段階】
場面の中で提示する ↓ ↓ ↓ ↓	（女の子の絵を見せながら） "Look at this picture. Who's this? This is Jane. She is my friend, so I know her address. I know her address." ・I know her address. ［板書］--- ① （別の女の子の絵を見せながら） "Look at this picture. Who's this? This is Emily. She was in Japan two years ago, but she went back to America. I knew her address in Japan, but I don't know her new address. I knew her address." ・I knew her address. ［板書］--- ② （①の文を指しながら）「この文は、どのような意味を表すかわかる人は答えてください」「よくできました」 （know にアンダーラインをつけ）「この文は現在における事実として、私がジェーンの住所を『知っている』という意味になります」	（絵を見ながら教師の英語による説明を聞く） 「私は彼女の住所を知っている」
気づきを促す ↓	【場面の中に用法を暗示して気づかせる】 「エミリーについてはどうでしょう。（②の文を指しながら）この文は、どのような意味を表すかわかる人は答えてください」「よくできました」（knew にアンダーラインをつけ）「この文は2年前にエミリーが日本にいた時には彼女	「私は彼女の住所を知っていた」

↓ ↓ ↓ ↓ ↓ ↓ ↓ ↓ ↓	の住所を『知っていた』という意味になります。さて、I knew her address. といった時、現在のエミリーの住所を『知っている』可能性と『知らない』可能性のどちらが大きいと思いますか」 「そうですね。この例のように、過去形には『知っている』という現在の事実から離れている、遠さがあるという意味が含まれているので『（現在の住所は）知らない』という裏の意味も表していることを確認しておいてください」 "OK, listen again. I knew Emily's old address, but I don't know her new address. If I knew her address, I could visit her. (×2)" ・If I knew her address, I could visit her.　［板書］---③	「知らない可能性」 【知覚】
意味を推測させる ↓ ↓ ↓ ↓ ↓ ↓ ↓ ↓ ↓ ↓ ↓	（③の文を指しながら）「この文の意味を考えてみましょう。前半に含まれている knew は、先ほど確認した現実からの遠さを表していて『もし彼女の住所を知っていたら（実際は知らない）』という意味を表します。それでは後半はどのような意味になるでしょうか。『私は彼女を訪問することができた』では少しおかしくありませんか。この could も、現実の可能性からの遠さを表すために過去形となっているのです。さてそれでは、文全体としてどのような意味になると思いますか。わかる人は手をあげてください」 「そうですね。この文では前半でも後半でも過去形が使われていますので、話し手の気持ちが現実から遠ざかり、事実に反する仮定を言い表しているのです。つまり『もし彼女の住所を知っていたら、彼女を訪問することができるのに』という文字通りの意味は、これから先もアメリカに帰ってしまったエミリーの住所がわかる可能性はなく、訪問して再会してみたいけれど、会うことができる可能性はほとんどない、という意味を表しています。この例のように、過去形を使って、事実に反することを想定する英語の表現方法を『仮定法』と言います」	【理解】 「もし彼女の住所を知っていたら、彼女を訪問することができるのに」

第Ⅱ部　オーラル・メソッドの授業における文法指導

↓	「それでは、今日の基本文を先生の後について読んでください」 "If I knew her address, I could visit her. (×2)"	(教師の後についてリピートする)
言語活動に参加させる ↓ ↓ ↓	「それでは次の各文の意味を、仮定法の部分に注意しながら確かめてみましょう」 ①〜③の文を板書して意味を考えさせ、意味の確認ができた後で反復練習を行う。 ① If I <u>had</u> one million yen, I <u>would go</u> abroad. ② If I <u>spoke</u> Korean, I <u>could talk</u> with K-Pop singers. ③ If I <u>lived</u> in Brazil, I <u>would watch</u> the Olympic Games. 「それでは、みなさん自身も①の文を参考にして『100万円持っていたらどのようなことをしてみたいか』英語で言ってみましょう」 If I had one million yen, I ＿＿＿＿＿＿＿.	【模倣】 (それぞれの文の意味を答え、教師の後について反復練習を行う) 【再生】 (5〜6人のグループ内で順番に発表する練習を行う)

[参考資料・付録]

参考資料・付録

付録 1
「外国語教授及び学習において遵守すべき主要項目を決定する公理十条
(Ten Axioms Governing the Main Principles to be Observed in the Teaching and Learning of Foreign Languages)」

> 【解説】
> 　昭和9 (1934) 年に英語教授研究所 (現在の語学教育研究所) の定期刊行物 *The Bulletin* (1942年に『語学教育』と改題) に掲載された。外国語教育について守るべき基本原理を10ヵ条にまとめたものであり、パーマーの外国語教授法に関する主張が単なる独断的な意見ではないことを裏書きする重要な文献である。

公理 1　言語は、言語記号 (Linguistic Symbols) と呼ぶのが妥当な単位から成り立っている。

公理 2　言語は、言語体系 (Code) と言語運用 (Speech) の両面を持つ。言語体系とは辞書や文法、また関連するあらゆる情報や規則によって例示される、その言語の組織化されたシステムであり、言語運用とはその言語の使用に関わる活動の総体である。

公理 3　言語心理学の考え方によると、言語の習得とは本質的に、十分な数の言語記号の意味を知ること、すなわち言語記号と意味との一致 (Identification of Symbols) と、言語記号に接した時に即座にその対象を思い浮かべそれぞれの記号とその意味を結び付けられること、すなわち言語記号と意味との融合 (Fusion of Symbols) から成る。

公理 4　言語学的方法論によると、言語学習の本質は技能（**Skills**）を習得することであり、習得すべき技能には主要なもの（**Primary**）と副次的なもの（**Secondary**）がある。

公理 5　聞き取り（リスニング）および聞き取った音声を模倣して発する（スピーキング）は主要技能（**Primary Skills**）である。

公理 6　読むこと（リーディング）および書くこと（ライティング）は副次的技能（**Secondary Skills**）である。

公理 7　翻訳は副次的技能である。

公理 8　発音は言語とは別物・添加物ではなく、言語の必須要素である。それは、**(a)** 音の単位である単音と、**(b)** 文などにおける単音の配置に関わる。

公理 9　文法は言語とは別物・添加物ではなく、言語の必須要素である。主にそれは言語の使用規則に基づき、言語要素から文を組み立てることに関わる。

公理 10　少量の語彙を完全に習得することは、多くの語彙を習得するための最良の準備となる。

（*Bulletin of I. R. E. T. 101*, 1934, pp. 12-15, 拙訳）

付録2
「同化の4段階（The Four Phases of Assimilation）」

【解説】
　大正14（1925）年に出版された、直接教授法の教師用指導書とも言える著作（全380ページ）の「はしがき」「序論」に続く「スピーチ教授の技術（The Technique of Speech-Teaching）」の中で解説が行われている。言語知識の教授を目的するのではなく、言語運用の習慣形成を目的とするというパーマーのオーラル・メソッドの指導原理は、この4段階を基盤としていることが明らかである。

第1段階　知覚（Perception）
　聞き慣れない言葉を話す教師（あるいは人）の言うことを聞いていると、その話の中に挿入されたある発話単位（Speech-Unit）に気づく。その意味は知らないので、ぼんやりと聴覚像（Acoustic Image）が形成されるが、教師の後についてその発話単位をリピートすることはできない。時間的間隔をおいた後でも再生にはほど遠い状態である。その発話単位を聞き、その存在と聞き慣れないことに気づき、この段階は終わりを迎える。もしもその発話単位をそれ以後聞いて感じ取る機会が無ければ、実際的にはそれを一度も聞いたことが無かったようになるであろう。この段階は、「知覚の段階」と呼ぶのが適切であると思われる。

第2段階　理解（Recognition）
　聞き慣れない発話単位を知覚すると同時に、話し手のジェスチャーや話されている場面により、その意味が感じ取れるようになり、発話単位とその意味の連合（Association）が形成される。さらに聞き続けることにより、その単位は意味を想起させる。発話単位の認識と意味との一体化が図られ、もはや意味不明の音や音のつながりではなくなる。この段階は、「理解の段階」と呼ぶのが適切であろう。

「理解」という用語は、意味を知らずとも発話単位を理解できる場合があるので、必ずしも適切でないことは自覚している。例えば、「あなたが誰かの名前を口にするのを聞きました。難しいお名前で復唱することができません（実のところ、その名前を構成する音のつながりは私の記憶から消え去ってしまっているのです）。しかし、その名前は以前に聞いたことがあるので聞き慣れているのです。だから私には理解できているのですが、その方がどなたであるのか今は思い出せないのです」といった場合である。だが、「与えられた語や語のつながりの（あいまいあるいは正確な）意味を理解すること」と解釈するならば、第2段階を意味する用語として「理解」は適切であると言える。子どもたちが日常的に行う命令練習（Imperative Drill）がよい例である。子どもたちは命令を聞き、完璧な聴覚像を形成することはできないであろう。その命令に含まれる語を模倣したり、再生することは到底できない。しかし、子どもたちは命令に含まれる音節のつながりを「理解」して、概ねその命令にしたがうことができるのである。

第3段階　模倣（Imitation）

　聞き慣れない発話単位が非常に短い（1〜2音節）場合や、よく聞き慣れた言語音で構成される場合、あるいは既習の発話単位と聴覚的に極めて類似している場合（例えば、母語の単語や語群と偶然に似ている場合など）には、比較的正確な聴覚像を即座に形成することができ、自分自身でそれを発声する、すなわち聞き取ったものを（心の中であるいは実際に音声で）模倣することができる。

　この段階は「模倣」と呼ぶのが適切であり、聞き取ったばかりの語あるいは語のつながりを、比較的正確に模倣して発声することができる段階を意味する。

　発話単位の意味は、第1段階「知覚」と第3段階「模倣」の間に、第2段階「理解」が介在しなければ、認識されないままとなるであろう。これはある年齢の幼いこどもたちが、自分たちには意味がよくわかっていないにも関わらず、大人たちが口にした語や文を聞き、それを口真似して喜ぶという現象としてよく観察される。

第4段階 再生（Reproduction）

　発話単位習得の最終段階は「再生」である。過去に知覚して理解し、模倣した語や語のつながりを、比較的長い時間が経過した後でも、記憶によって再生できるという段階である。この段階は「再生」と呼ぶのが適切である。しかし、この段階に至っても、たとえ理解が介在しなくとも、知覚、模倣、再生はそれぞれ可能であることに注意しておかなければならない。発話単位の意味が理解できていなくても、それを知覚して、即座に真似て言い、その後、記憶を頼りに再生することはできるのである。この現象は幼いこどもたちによく見られ、また、実験目的で「無意味音節」と呼ばれる音節のつながりを学ぶ大人たちにも見られる例もある。

（*English Through Actions,* 1925, pp.14-15, 拙訳）

付録3
「新しい理論を踏まえた英語教授法の問題（覚書）」
The Problem of Language-Teaching in the Light of a New Theory
(A Memorandum)

> 【解説】
> 　大正13（1924）年に英語教授研究所によって発表された。パーマー外国語教授法の基礎となる理論が詳述されている。同年、篠田錦策氏が『新しき理論の見解による英語教授の新問題（覚書）』という表題で日本語訳を発表しているが、オーラル・メソッドの指導原理を、今日の英語教育関係者にできる限り理解しやすくするために、用語のアップ・デートを行い改めて訳出することにした。

はじめに

1. 外国語教授の問題は特に新しい問題でもなく、ある特定の国に限られた問題でもない。昔から世界中のほとんどの国で、外国語は教えられ学ばれてきた。効果的に指導することを目的として、さまざまな時代にさまざまな指導手順（Procedures）が用いられてきた。そして、数え切れないほどの良い、悪い、良くも悪くもない「教授法（Methods）」が作られてきた。

2. しかし明らかに、教育者たちはこれまでに採用されてきたさまざまな指導手順には根本的な欠陥があると感じていた。そして、どのような好条件の下であっても、教師が費やした多大な労苦とそれによってもたらされた成果との間には驚くほどの違いがあったことを我々の多くが認めざるを得ない。要するに、これまでの言語指導法は概ね、労多くして益少なしであったため、不満足な結果となっていた。

3. いわゆる「直接教授法運動（Direct Method Movement）」の結果として、近年、教室における指導手順についてさまざまな改革が行われてきたが、それにより得られた成果は、教師や生徒が費やした努力には相応しない程度のものであったことを我々の多くが認めるであろう。

4. この長期間にわたる問題に対して適切な解決策が見つけられなかった原因はおそらく、言語教育課程（Language-Courses）を編成する作業が、これまでは専ら語学専門家（Language Experts）に任されていたからであると思われる。言語学者、文法学者、音声学者はそれぞれの学問領域においては専門家であるかもしれないが、言語運用の心理（Psychology of Speech）に関連する分野は必ずしも専門としていない。これらの専門家は言語についてはあらゆる知識を持ち合わせているかも知れないが、言語を使用する能力を獲得する際の精神機能（Mental Processes）に関しては知らないことが多いのである。

　しかし、今日に至って初めて、語学専門家たちは心理学者たちによる支援の必要性を認め、また心理学者たちも言語教育課程の編成者（以後、コース・デザイナーと呼ぶ）たちに力を貸し与えることができることを認識している。この喜ばしい両者の共同作業こそが言語教育を初めて本物の科学的基礎の上に置くことになると考えるのは極めて妥当である。

5. 心理学者たちが一団となって知見を披瀝しにやってくると言うには時期尚早であり、言語運用の心理に関する書籍が十分にあると言えば誇張になってしまうであろう。特定の心理学者たちが講演や総説の執筆において個人的な見解を表明して影響を与えているのが実情である。言語教師たちが一団になって心理学者たちに支援を求めていると言うのは適切な表現ではないが、言語教師、コース・デザイナー、教育関係当局が心理学者たちの見解にますます耳を傾け、注意を向けていると断言しても、おそらく真実の範囲内と受け止められるであろう。

6. 実際に、心理学者たちによる最初の貢献はすでに行われており、それは間違いのないことである。このような心理学者は古くからの言説には影響されず、科学的方法の訓練を受けたことのない者たちの間では広く認められる幻想にも捕らわれず、冷静に対象を分析し、その構成要因を単純化し、母国語あるいは外国語の習得過程に関連するさまざまな心と体の活動（Psycho-Physical Activities）を特定したのである。

7. この覚書の目的は、新しいエビデンスから正当な手続きによって導き出された結論を、明瞭さを失わないようにして、できるだけ簡潔に示すことにある。

8. これから述べる結論が依拠するエビデンスとは、部分的には私自身の教師としての、また外国語学習者としての経験によるものであり、また部分的には言語学と心理学の間に存在する中立地帯と言われるほとんど知られていない領域において探究を行っている人々の著作や講演から得たものである。スピアマン教授（ロンドン大学）、ギンズバーグ氏（ロンドン大学）、ペレラ氏（ロンドン大学音声学部）、ブラウン教授（北海道帝国大学）、セシュエー教授（ジェノバ大学）、故ソシュール教授（ジェノバ大学）を引用させていただくことになるであろう。

　ただし、結論自体は私自身によるものであり、引用させていただく上記の方々は私の結論に対して賛成ではないかも知れないし、また諸氏の理論や用語の使用方法についてもお認めいただけないかも知れないことをご了承いただきたい。

言語運用と言語知識

9. 「言語（Language）」という総称で、それとなく言われている異質で複雑な対象は、実は2つの異なる、共通の尺度では比較できない対象から構成されていることが心理学者たちにより確かめられている。これら2つの対象は互いに緊密に結びついているが、コース・デザイナーおよび利用者には、両者が明確に区別されなければならない。暫定的に、こ

れら2つの対象をそれぞれAとBと命名する。

10. Aの定義は次の通りである。**ある人が他者に**（ジェスチャーや音声、あるいは書き物で）**伝えようとする概念**（考えや意図、感情）**を伝達する際に関連する心と体の活動の総体。**

11. Bの定義とは、**Aの使用者によって成立する社会集団により、その集団における共通理解が確実に行われるように、採用し組織化した約束ごとの総体。**

12. したがってAは、個人的な活動と刺激に対する反応のセットであるのに対してBは、約束ごとのセットつまり記号(Code)である。コマーシャル・コード（電報料を節約するために長い文字列を3～5字のアルファベットでコード化したもの）は、そのような記号によりメッセージを伝える時の行動そのものと同じではない。

　海上信号のコードは、船上で簱を揚げる時の行動そのものと同じではない。音符や休符の音楽コードは音楽家の演奏行動そのものと同じではない。鉄道時刻表に示されるコードは電車で旅行する人の行動そのものと同じではない。要するに、行動（あるいは活動）は、その行動と一致するコードと同一物ではないということである。

　したがって、言語によって考えを伝えるという行動は、その行動を実行に移させる言語（あるいは言語記号）とは同じではないということになる。

13. さてここで、Aに「言語運用（Speech）」、Bに「言語知識（Language）」という用語を与え、以後、あいまいで一般的な広い意味ではなく、厳密に上述の定義に基づいてこの用語を使用することにする。

　英国人の子どもであれば、たいてい4歳で英語の言語運用に熟達している（つまり、年齢相応に、基本的な事柄については概ねうまく伝え理解することができる）。しかし、英語の言語知識と呼ばれる記号につ

いての意識的知識は持ち合わせていない。

　英語を学ぶ外国人学習者は、英語の言語知識と呼ばれる細かな点には精通しているかも知れないが、英語の言語運用と呼ばれる個人的活動においては全く未熟であるかも知れない。

14. 言語知識が言語運用とは異なるものであるということの肯定的証拠として、考えを伝えるという目的のためには、発案者さえも一度も使用したことのない人工語というものが、数多くさまざまな時代に作られてきたことは注目に値する。

15. 言語運用を「音声言語」と、言語知識を「文字による言語運用」と同一視することがあってはならない。なぜなら言語運用の活動は音声言語と文字言語の両方によって行われるからであり、言語と呼ばれる記号は口頭においても視覚的にも用いられるからである。また、言語運用と言語知識の相違は「口語体」と「文語体」というなかなかよくできた区別には当たらないことは言うまでもない。

16. 言語運用と言語知識の違いを、前者は「実践（Practice）」で後者は「理論（Theory）」と言って片付けてしまうのは適切ではない。なぜなら、言語運用の理論と実践もあれば、言語知識の理論と実践もあるからである。言語運用の理論は、心理学者にはおおよそ理解されており、連合（Associations）や回路（Circuits）のような精神機能の観点から説明が行われている。言語運用の実践とは子どもが子ども部屋で行ったり、外国語の運用を教えるのが上手な教師の指導を受けている生徒たちが行うのである。言語知識の理論は、イエスペルセン、ブラムフィールド、サピアのような専門家たちにおおよそ理解されていて説明されているのである。言語知識の実践は、記号それ自体を教えたり研究することに従事している人々に行われているのである。自分の考えをうまく伝えられた時には言語運用を実践していることになる。表現形式を分析して、それをうまく言い換えたり、純粋に総合的と言える方法で外国語の文をうま

く組み立てることができた時には言語知識を実践していることになるのである。

第一次結論

17. 今まさに下されようとしている結論は、どの時代においても、どの国においても言語知識の面に過剰な注意が払われてきたということである。我々の教える努力の大半は外国語の記号について説明を行うことに向けられていて、その残りの部分で生徒たちが、受容あるいは発表における言語運用を実際に行うことができるように指導を行ってきたのである。

18. 本屋へ行き、『英語教材』『英語の文』『英語学習ガイド』『英語上達法』『毎日の英語学習』『英語入門』『英語の理論と実践』といったタイトルの本のページをめくってみると、その著者たちはすべてのあるいはほとんどすべての注意を言語記号としての英語を説明することに傾けていることがわかる。そして、英語を外国語として学ぶ学習者が、言語活動（Speech Activities）を行うことができるようになるための精神機能は無視されているのである（読者にはそのような英語学習のためのテキストは、英語で書いても、他のどのような言葉で書いても変わりがないことに気づかせたい）。

19. イギリス人が教室で受けるフランス語の授業あるいはフランス人や日本人が教室で受ける英語の授業はたいてい、フランス語あるいは英語の言語そのもの（つまり「記号」）に関する一連の説明によって構成されている。これらの授業は、音声言語を媒介として行われることはほとんどなく、専ら文字言語を媒介として行われる。そのような授業は上手くても下手でも、説明がよく伝わろうとも伝わらなくても、教科書の選定が良くても悪くても、差し当たりは関係がない。教師は堪能であり、説明は妥当であり、教科書は適切であると思うかも知れない。しかし、そのような授業は間違いなく「言語知識」の授業であることに変わりないのである。

教師が授業をそのように捉えているため、生徒に言語活動（Acts of Speech）を行わせようなどとはほとんど、あるいはまったく考えようとしない。また言語活動を取り入れたとしても、言語知識を教えるという主目的を達成するための補助として取り組ませるに過ぎないのである。しかし、そのような教師や指導を非難する正当な理由は見あたらないのである。なぜならそれは、「フランス語の授業」「英語の授業」という用語はそれぞれ「フランス語の知識に関する授業」「英語の知識に関する授業」を表すと仮定すれば、論理的に当然、そのような授業が行われる結果となるからである。

20. したがって、もし英語やフランス語、日本語などの指導法に対して実効ある改革をもたらそうとするのであれば、その第一歩として「英語」「フランス語」「日本語」といった曖昧な用語を明確に定義しなければならないということであろう。「言語としての英語（the English Language）」という用語を使用する場合に、「言語運用」は排除して狭義の言語知識の意味で用いるのか、英語による言語運用と言語知識の両者を包括する意味で用いるのかを、まず念頭に置く必要がある。

主要言語運用（Primary Speech）と副次的言語運用（Secondary Speech）

21. これ以後、この覚書の中では、言語知識の指導に関してはあまりふれないことにして、これまでにあまり言及されてこなかった言語運用に関わる問題に限定して述べることにする。

22. 読者の皆さんが、言語知識に対する言語運用という考え方は理解されていることを前提として、主要言語運用（Primary Speech）と副次的言語運用（Secondary Speech）という用語の違いを明らかにすることから始める。

23. 主要言語運用の定義とは、「組織化された教育的訓練（読むことや書くこと、訳すこと、分析や統合、その他類似の理性的活動）は受けずに、

子どもが自然な言語発達の過程において普通に実践する言語活動」である。また、副次的言語運用の定義は、「子どもが自然な言語発達の過程において普通に実践する言語活動ではなく、組織化された教育的訓練（読むことや書くこと、訳すこと、分析や統合、その他類似の理性的活動）によって開始され、展開される言語活動」である。

24. この「主要」と「副次的」という用語の重要な区別がわかり、その用語の適切さを理解するためには、「言語回路（Speech Circuit）」について吟味することが必要である。

25. 言語活動はある人の脳内から他の人のそれへ、ある考えを伝えることによって成立する。最も簡単で初期的な回路（主要回路）を使用する場合の、心と体のメカニズムは次のとおりである。

26. ある「概念（Concept）」が伝達しようとする人物（Aと呼ぶ）の脳内に形成される。Aは伝達対象となる人物（Bと呼ぶ）に自分の概念を知らせようと思う（簡単に言えば、AはBに伝達したいと思う）。この概念はAの脳内において「音声イメージ」と呼ばれるものになる。

27. その音声イメージとは、1語あるいはそれ以上の語を聞いたり、音声化することを想像することである。ある語を思い浮かべた時、その語の音声イメージが形成される。考える過程それ自体が、音声イメージを連続して対応する概念に関連づける。心理学者によると、概念は音声イメージと切り離すことができないということである。例えば、「ネコ」と呼ばれる動物を思い浮かべた時には必ず、英語ではCAT、フランス語ではCHAT、ドイツ語ではKATZE、日本語ではNEKOと綴る単語を聞いたり、音声化することを想像している。このような概念と適切な音声イメージの融合は非常に緊密で自然であるため、音声イメージが形成されていることには誰も気づかないのである。しかし、複数の実験により、音声イメージは概念から切り離すことのできない付随物であることが判

参考資料・付録 139

明しつつある。独り言を言ったり、自問したりする時には、まさに音声イメージを形成しているのに他ならない。

28. Aは自分の概念にふさわしい音声イメージを形成し、同時にそれを発話する（Phonate）。すなわちAは、自分の音声イメージを筋肉の活動に変換する。音声器官が機能して、ある特有の言語記号に一致した特定の発声音を作り出す。概念と音声イメージの形成は精神的活動、発声は身体的活動であり、それにより音波が作り出されるのである。

29. その音波はBの耳の鼓膜を振動させ、Bは音を知覚する。これが聴取行為（Audition）である。もしもBが、Aが話す言葉の音を聞き慣れていない外国人であれば、ここで終わりとなる。Bには聞こえるのであるが、音声イメージを形成することができず、何を聞いたのか自分に説明することができないのである。Bが外国人であっても、Aの言葉の音が耳慣れていれば、聴取行為はBの心の中に音声イメージを喚起させることになるであろう。

30. しかし、BにAの言葉に関する知識が無ければ、ここで終わりとなる。音声イメージは何ら概念を想起させず、Bは「1つあるいは複数の単語を聞いたが、意味は何も伝わってこなかった」と言うであろう。しかし、Bが外国人でなかったり、外国人であってもAの言葉に関する知識があれば、その音声イメージは脳内で概念を想起させ、その概念はおそらくAの脳内活動によって形成された元々の概念と同じ（あるいは極めて類似した）ものとなるであろう。ここで、言語回路は完成に至る。

31. この簡単で初期的な回路に関与する心と身体の作用を図示して、まとめておくことにする。

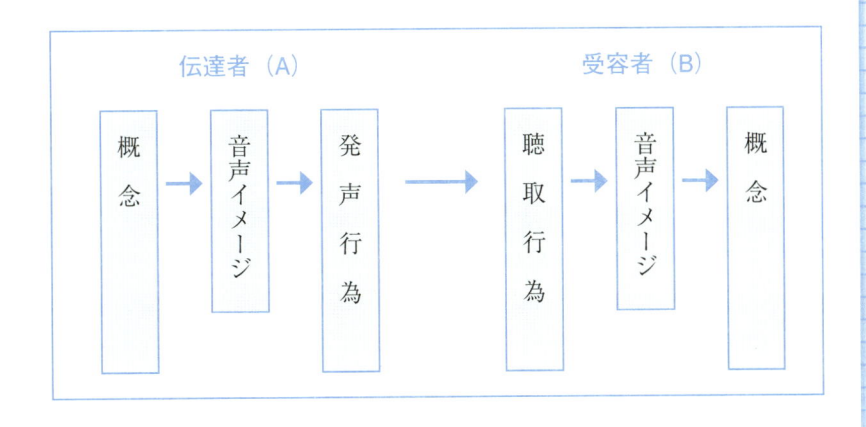

```
伝達者（A）                                    受容者（B）

概念 → 音声イメージ → 発声行為 →  聴取行為 → 音声イメージ → 概念
```

主要言語運用の6習性（The Six Primary Speech Habits）

32. 幼い子どもたちは、特に訓練や教育を受けなくても、主要言語運用に熟達している。無意味な語を、発音することが楽しいので発音する。他人や自分の言うことを特に意識することなく聞き取り、音声イメージを形成するようになる。童謡や物語を聞くのが好きで、騒音を立てられるようになると、立てられなかった時よりもより速く（自分が）欲しいものに（周囲の）関心を向けさせることができるようになることがわかる。そして、初歩的概念を初歩的音声イメージ（発声されるものとされないもの両方を含む）と連合させるようになる。例えば、空腹時には空腹の概念と空腹という単語を、犬を見た時には犬の概念と犬という単語を、ベッドに行かされた時にはベッドの概念とベッドという単語を結びつけるのである。

33. ここに1つ疑問が生じる。生徒をそのような主要言語運用に習熟させることが望ましい、あるいは果たして可能なのだろうか。

　　概ね一致した見解としては、望ましいことでありまた可能ということである（イエスペルセン、パシー、スウィート、ゲーテ、ストーム、アトキンス、ハトゥン、キトゥスンなどを見よ）。この覚書の中では、望ましくまた可能であるだけでなく、本質的で不可欠であることを提案する。

34. さらに別の質問が生じる。望ましくまた可能なことであると仮定した場合、それでは一体どのようにすれば生徒にそのような運用力を習得させることができるのであろうか。

35. 私の解答は以下の通りである。
　　幼い子どもたちは常に、言語運用の6習性を形成している。まさにこれらのおかげで、主要言語運用に熟達することができるのである。それゆえ、これらを「主要言語運用の6習性」と称して吟味を行い、それぞれの習性が教室で学ぶ年長の子どもたち（あるいは授業を受けている大人も含む）によってどのように習得されるのかを説明しようと思う。

主要言語運用の習性1「聴覚による観察（Oral Observation）」

36. 言語運用の学習者は、言語材料（Speech Material）を耳でよく観察する習慣を形成する必要がある。音声による言語材料とは大まかに以下のように定義される。音素と音素群、音調と音調群、音節と音節群、語および文までを含む語群である。

37. 最近の平均的な学習者は、このような習性が十分に身についていなかったり全く身についていないこともある。その理由は、聴覚による観察の代わりに視覚による観察に頼ったり、また聴覚による観察を孤立単語に限定したり、またそうすることを勧められたりするためであると考えられる。

主要言語運用の習性2「口頭による模倣（Oral Mimicry）」

38. 言語運用の学習者は、言語材料がまるで先生の口から発せられたように、発声器官を使って口まねする習慣を形成する必要がある。実際に聞いた時だけでなく思い出して、大きな声を出し（＝発声）あるいは心の中で（＝音声イメージ）模倣するのである。

39. 最近の平均的な学習者は、このような習性が十分に身についていなかったり全く身についていないこともある。その理由は、（ふざけて真似る場合を除き）口まねすることは嫌いで、模倣することを特に勧められないためであると考えられる。

主要言語運用の習性３「口慣らし（Oral Mechanizing）」

40. 連続的な発声器官の動きを、特に意識しなくても連続して、同じように上手くできるようになるまで繰り返す練習である。ピアニストが新聞を読みながら、あるいは会話をしながら曲を演奏することができるような状態まで練習することと同様である。

41. 言語運用の学習者は、口慣らしの習慣を形成する必要がある。具体的には、ある刺激に対して、（反復練習により）意識しなくても、音節のつながりを正確に発声できるようにするのである。

42. 最近の平均的な学習者は、単調な反復練習を嫌い、その目的や意義も知らず、それを勧められることもないため、口慣らしを単語に限定している。例えば、"impossible" という１語の口慣らしは行うが、"It is impossible for me to go." のような語群については口慣らしを行わない。たいていこのような学習者は、「語群の口慣らし」の代わりに「語群をその場で作る」ことを勧められるからであろう（副次的言語運用の習性14「辞書および文法書の利用による言語材料の即製・開発」を参照）。

主要言語運用の習性４「音声イメージと意味の融合（Fusing Acoustic Image and Meaning）」

43. 言語運用の学習者は、各語あるいは各語群（長いもの、短いもの）をそれが表す概念と融合する習慣を形成する必要がある。「鉛筆」を見た時に "pencil" という単語が想起され、"book" という単語から「本」という概念が連想され、「起床する」という文の表す動作を行ったら "I get up." という語群が想起されるといった習性を身につけることである。

44. そのような融合はさまざまな方法で、またさまざまなレベルで行うことができるであろう。しかし最近の平均的な学習者には、外国語を自分の母国語を融合させて概念との融合を無視したり、孤立単語のみを意味の単位として捉え、語群での意味を考えようとしない傾向が見受けられる。

基本的言語材料（Basic Speech Materials）

45. 上述の主要言語運用4習性を身につけることができれば、「基本的言語材料」は十分に習得することができる（先の著作では「主要教材」あるいは「記憶教材」と表記したが、「主要」という用語は他の目的で必要となり、「記憶」という用語には不適切さが感じられた。そこで今回、新たに「基本的」を用いることにした）。

46. 「基本的言語材料」とは、全く知らない言語で1文あるいは複数の文を言ったり使ったりする場合と同じように、修正や付け加えをしないでそのまま習う（つまり暗記する）言語材料（主要言語運用の習性1における定義参照）のことである。外国語学習を、実際的で役に立つ外国語の文を上手に暗記することに限定したり、聞いた通りに正確に暗記した文をそのまま使って満足している人は、文法や語選択では誤りがないが、表現力や理解力は必要最少量に限られてしまう。

47. 私はウルド語だけで、次から次へ説教を行うことができる牧師がインドにいるということを聞いたことがある。説教を最初から最後まで暗記しているので、その説教はウルド語のみによる言語材料（あくまでも説教することに限られるが）により構成される。つまり、これが基本的言語材料である。

　1曲のみのピアノ演奏を（上手に、下手に、どちらでもなく）習い終えたが、その曲以外は演奏しないピアニストは、基本的ピアノ演奏材料のみを有すると言えるが、ただ1曲に限られるということである。

派生的言語材料（Derivative Speech Materials）

48. しかし、与えられた基本的言語材料を何らかの方法により修正するレベルまで習熟した時には、「派生的」言語材料を生成する。ここで一例として、英語に習熟していないある人が、"Where are you going?" という文を暗記したとしよう。これは1つの基本的言語材料となる。次に、この人は "were" という語は現在形が "are" である動詞の過去形であることを学ぶ。その時、(模倣も口慣らしも行ってはいないが) "Where were you going?" という文を導き出す (Derive) かも知れない。あるいは、"when" という語を習うことにより、"When are you going?" や "When were you going?" と言ってみたりするかも知れない。あるいは、"coming" を習い、"Where are you coming?" "When are you coming?" や "Where were you coming?" "When were you coming?" と言ってみたりするかも知れない。あるいは、"they" という語を習うことにより、"When are they going?" や "When were they coming?" と言ってみたりするかも知れない。これらの文が、"Where are you going?" という基本文から導き出された「派生的言語材料」の生成である。先を急ぎ過ぎて基本的言語材料の観察や模倣、口慣らし、また意味との融合をしないで、派生的言語材料を即興で行うことにあまりに熱心な人は、主要言語運用の習性ではない悪い習慣を形成してしまい本格的なリスクを冒すことになる。例えば、"he" という語を習うことにより、"Where are he going?" という文を作り出したり、"live" という語を習うことにより、"Where are you live?" という文を作り出すかも知れない。 言い換えるならば、習得した基本的言語材料の量に釣り合わない派生的言語材料を使用すると、いわゆる「片言英語」になってしまうのである。

49. 基本的言語材料の習得方法には、以下の3つがある。
    (1) 力量のある教師から与えられた実際的な外国語の文を、時々適切な母国語の訳文と比較しながら、毎日繰り返すことは退屈であるが、非常に有効な方法である。特にこれは、話し言葉を聞く機会や実際の会話で使用する機会がほとんどない初学者にとっては唯一可能な

方法である。
(2) 何度も繰り返される外国語の文を聞くことは、知らず知らずのうちにその文を習得することにつながる。これは幼い子どもが使用する方法の第一である。生徒たちが教師の言う外国語の文を十分に聞く機会があれば、望む望まないに関係なく暗記してしまうのである。
(3) 派生的言語材料を上手く生成して、それを複数回使用すると、その繰り返しが派生的言語材料を新しい基本的言語材料へと変換することになる。ただし、この手続きは通例、上級レベルの生徒にのみ適用可能であり、主要言語運用の習性を十分に訓練されている必要がある。

50. これまでに繰り返し述べてきた主要言語運用の4習性が、基本的言語材料を十分に習得するために不可欠なものと言える。

主要言語運用の習性5「派生的言語材料の生成（Composing Derivative Speech Material）」

51. 言語運用の学習者は、聴覚による観察、口頭による模倣、口慣らしそして音声イメージと意味の融合により習得された基本的言語材料から派生的言語材料を生成する習慣を形成する必要がある。この習慣は、学習している言語の用法に従って基本的言語材料を修正する訓練となる具体的な練習によって形成される。この練習によって、学習者は既習の文から類推して新しい文を組み立てることに習熟するのである。その練習が適切で、教え方が良ければ、この類推による文の組み立ては学習者が意識しなくとも上手に行われるであろう。

52. 最近の平均的な学習者は、このような習慣形成を勧められていないので、これを無視しがちで副次的言語運用の習性14（辞書および文法書の活用による言語材料の即製・開発）により代用する傾向にある。

主要言語運用の習性 6「聴覚刺激に対する瞬時反応（Immediate Reactions to Oral Stimuli）」

53. 上述の主要言語運用の 5 習性は、聴覚刺激に対する瞬時反応を付け加えてはじめて完全な方策となる。

54. 言語運用の学習者は、さまざまな刺激に対して、即座に反応する習慣を形成する必要がある。瞬時に観察し、瞬時に口真似して、その単語と意味が瞬時に連想されるように両者を融合し、主要言語材料から派生的言語材料を瞬時に生成できるように類推による組み立てに習熟する必要がある。幼い子どもは即座に反応するか、全く反応しないかのどちらかである。学習者の場合には、例えば質問に対してはためらいや遅れることなく答えることが、物が提示されたら即座に名前を言えるように備えることが、置換（Substitution）を正確にしかも素早く行う方法を習得することが必要である。口慣らしに関しては、音節が途切れることなく連続して発声できることが重要である。

55. 最近の平均的な学習者は、反応する前に、考えたり予測する傾向がある。素早く反応することも勧められていない。その理由は、言語運用を伴う活動は、記号としての言語（言語知識）を学ぶこととは異なるということに注意を向けていない人たちにとっては、素早い反応の必要性が理解できないからである。

主要言語運用の習性を身につける方法（How to Acquire the Primary Speech Habits）

56. 主要言語運用の 6 習性を、教室という限られた条件の中で生徒たちに身につけさせるためにはどのような指導手順に依るべきか探究する必要がある。

57. その答えは簡単である。そのような習性は具体的で適切な練習により身につくのである。これらの練習は、言語知識（記号としての言語）の

習得のみ、あるいは後述の副次的言語運用の習得を目的とした伝統的な練習とは異なるものである。主要言語運用練習とは、主要言語運用を迅速にうまく形成することのみを目的とする。もし同時に、その練習の結果、記号としての言語にある程度習熟できたとすればそれは有用な副産物と考えられるであろう。今日平均的な学校で見られる状況のように、主要言語運用練習とは別の練習が生徒たちに与えられ、どのような主要言語運用が形成されたとしても、それは単なる偶然による副産物である。

58. 教室や時間の制限がある中で、主要言語運用を繰り返し教えることが可能かどうか悲観している者は、自分の知る範囲でこの目的のために具体的な練習が十分に試行されてきたかどうかを自問すべきである。

59. では、具体的練習とはどのようなものだろうか。以下の7つのグループに分けられるように思われる。
    1. 音識別練習（Ear-Training Exercises）
    2. 発音練習（Articulation Exercises）
    3. 反復練習（Repetition Exercises）
    4. 再生練習（Reproduction Exercises）
    5. 置換練習（Substitution Exercises）
    6. 命令練習（Imperative Drill）
    7. 定型会話（Conventional Conversation）
    ただし、これらはいずれも口頭による（Oral）練習である。

音識別練習

60. （ジョーンズ教授によって考案された）この練習は、学習者に聴覚による観察を行わせ音と音の違いを識別させる方式に依る。手順を簡単に説明すると以下の通りとなる。

　　教師は練習本番前の説明を行った後、さまざまな音（単母音、二重母音、単子音、複合子音、子音と母音の複合）を作り出して学習者に的中させるのである。答え方はそれぞれに付けられている番号を言わせたり、発

音記号で書かせたりする方法がある。学習者の識別力が向上したら「ナンセンス・ディクテーション」と呼ばれる、意味や内容理解は関係なく、とにかく聞き取れた音の発音記号を書き留める練習を行わせるようにする。この練習は、主要言語運用の習性1と6を伸ばすのに効果がある。

発音練習

61. この練習には、発声器官の筋肉を意識的にコントロールすることに習熟させる「口の体操」や教師が作り出す音、似通った音、語や語群を真似して発音させる練習が含まれる。

　　この練習は、主要言語運用の習性1と2、6を伸ばすのに効果がある。

反復練習

62. これは、音識別練習および発音練習の発展練習である。具体的には学習者の口慣らしを支援するために考えられたものである。教師の後について繰り返す文は会話の際に役立つような文でも、文法規則の例文でも、派生的言語材料に転換される予定の基本的言語材料として役立つ文でも構わない。

　　この練習は、主要言語運用の習性1、2、3、6を伸ばすのに効果がある。

再生練習

63. この練習は論理的に、これまでに説明した練習に引き続いて行われるものである。学習者は、口慣らしできたと思われる言語材料を想起して再生することを求められる。いろいろな方法があり、グアンのナチュラル・メソッドもその1つであり、プレンツガストのマスタリー・メソッドという方法もある。別のオプションとして「翻訳ドリル」という方法を提案する。他に、後述の「定型会話」と実際的には同じ練習方法もある。

　　この練習は、主要言語運用の習性3、4、6を伸ばすのに効果がある。

置換練習

64. この練習は、マスタリー・メソッドや『置換100表』の中で説明を行った仕掛けによって行う、基本的言語材料から派生的言語材料を作成する組織的な練習である。手順は簡単であるが、この簡潔な覚書の中で説明するのは難しい。

　この練習は、主要言語運用の習性4、5、6を伸ばすのに効果がある。

命令練習

65. 初学者に対して理想的な練習であるが、方法に手を加えることにより、上級者にも役立つ練習となる。手順は簡単で、教師が学習者（全員あるいは個人）にある行動を行うように命令し、学習者は（全員あるいは個人で）命令に従って行動するというものである。

　この練習は、主要言語運用の習性4と6を伸ばすのに効果がある。

定型会話

66. この練習を「通常会話」と混同してはならない（全く異なった手順である）。定型会話の技術とそれをさらに細かく分けた技術の説明を行うには、この覚書の紙幅では足りない。簡潔に言えば、それは外国語によって質問と応答を組織的に行うということである。質問はささいな内容であるかも知れないが、正確で素早い応答ができる質問でなければならない。問答のレベルは、"What's a cat?" "It's an animal." という初歩的な段階から "Do most people consider it usual or unusual to get a ticket when they want to go somewhere by train?" "Most people consider it usual to get a ticket when they want to go somewhere by train." という難しい段階に至る。

　この練習は、主要言語運用の6習性すべてに効果があるので、主要言語運用を伸ばす上で最も価値がある効果的な練習方法と言える。

67. これまでに述べてきた7つの練習方法の詳細について説明を行うことは、この覚書の中では難しい。『外国語口頭教授法（Oral Method of

Teaching Languages)』をご参照いただければ、言語運用の 6 習性を教えて伸ばすために考案された 50 種類以上の練習方法のすべてがおわかりになると思う。

副次的言語回路（The Secondary Speech Circuit）

68. この覚書の 23 セクションを見ていただければ、主要言語運用は幼い子どもの通常の言語発達過程において実践されるが、副次的言語運用は普通は実践されないということを思い出していただけるであろう。野蛮人や愚か者は主要言語運用以外、ほとんど用いないことを付け加えておこう。

69. 言語運用に関して「主要」と「副次的」という用語を使用することが適切である理由として少なくとも 4 つを示すことが可能である。
(1) 個人の通常の言語発達過程においては、副次的言語回路の使用による言語発達に先行して主要言語回路の使用による言語への習熟が進む。言い換えるならば、「主要言語運用」とは「第一次言語運用（First-Speech）」と言える。
(2) 主要言語運用の活動を行う際には、筆記用具のような道具は必要とせず、相互のコミュニケーションによって行われる。生来、自分の考えを伝達することができるように、聴覚や発声器官などの完全な装置を持ち合わせているのである。言い換えるならば、「主要言語運用」とは「初期言語運用（Primitive Speech）」を意味する。
(3) 主要言語回路とは、最短の回路であり心と身体の活動量が最も少ないことがわかるであろう。言い換えるならば、「主要言語運用」とは「直接運用（Direct Speech）」を意味する。
(4) 主要言語運用は副次的言語回路の干渉を受けることなく実行される。だが、副次的回路は主要回路に依存しているので、その逆は成立しない。言い換えるならば、「主要言語運用」とは「非従属的運用（Non-Subsidiary Speech）」と言える。

70. すでに本覚書の 31 セクションで吟味した通り、主要言語回路とは回路の始めから終わりまでが直線的（単線）であることが明らかになっている。これに対して副次的回路には、最低 2 本の環状線（Loop-Lines）が存在し、そのループは単独で用いられることもあれば結合して用いられることもある。2 つの副次的回路の内、第一次的回路を図示してみよう。

71. 第一次副次的言語回路（ライティング・リーディング回路）

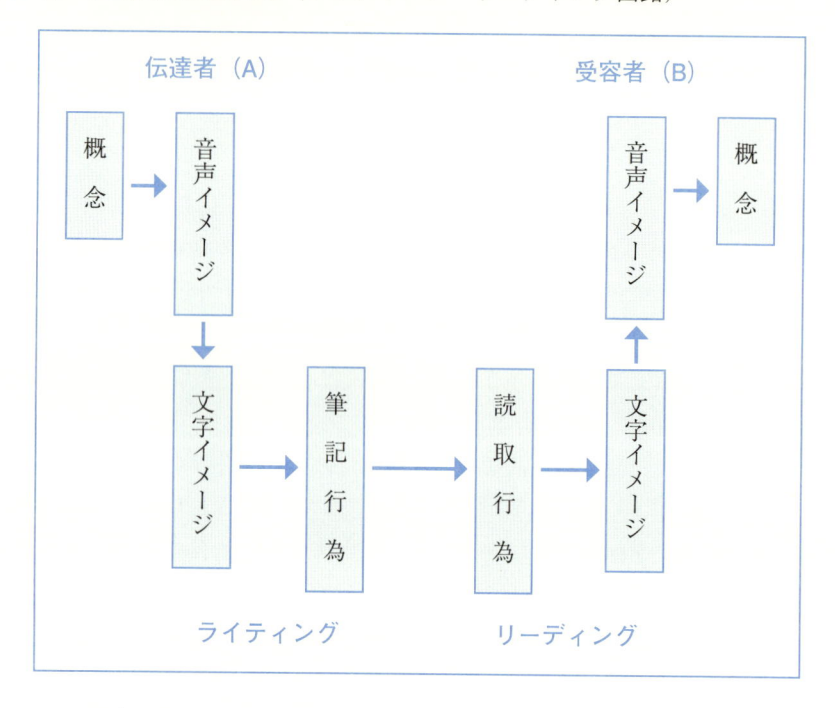

```
                 伝達者（A）                              受容者（B）

   ┌──────┐   ┌──────────┐                          ┌──────────┐   ┌──────┐
   │ 概念 │ → │ 音声     │                          │ 音声     │ → │ 概念 │
   │      │   │ イメージ │                          │ イメージ │   │      │
   └──────┘   └──────────┘                          └──────────┘   └──────┘
                   ↓                                      ↑
              ┌──────────┐   ┌──────┐   ┌──────┐   ┌──────────┐
              │ 文字     │ → │ 筆記 │ → │ 読取 │ → │ 文字     │
              │ イメージ │   │ 行為 │   │ 行為 │   │ イメージ │
              └──────────┘   └──────┘   └──────┘   └──────────┘

                 ライティング                           リーディング
```

この回路における心と身体のメカニズムについて吟味してみよう。

72. ある「概念（concept）」が A（概念を伝達しようとする人物）の脳内に形成される。

　この概念は A の脳内において対応する「音声イメージ」に融合される（A はその概念に相応する語や語群を聞いたり発音する自分をイメージする）。

73. しかしここで、その語や語群を「発音（実際に発声）」する代わりに、Aはその語や語群を書いている自分をイメージする。このイメージは「文字イメージ（Motor Graphic Image）」と呼ばれ、語や語群を実際に書く時に経験する連続的な筋感覚を想像することである。このイメージは音声感覚中枢から文字感覚中枢へと転移する。

    （文字イメージが上手く描けない場合には、鉛筆を手に取り、紙の上であたかも書き始めようという状態で動かさずに手に持ち、それから書く準備を行って、書き慣れた語や語群、あるいは1つの文字などを書いている自分をイメージするのである。自分の名前がちょうど良いかも知れない。この時の手や腕の筋感覚や書こうとする衝動が文字イメージである）

74. その後、文字イメージは精神的活動から身体的活動へと転換される。Aは書こうとする衝動を実行に移し、動作を行い、紙面に実際の記号を書く。これが「筆記行為（Graphation）」と呼ばれる書く活動の身体的側面である。

75. A（概念を伝達しようとする人物）はこれで回路における分担を完了したことになる。書いたものはB（概念を受け取る人物）の目の前にある。もしBが読むことを習ったことがなければ、紙面にいくつかの黒い記号が見えるのに気づくが、それで終わりである。読み取り行為（Graphic Vidation）と呼ばれる活動だけを行うことになる。

76. しかし、BがAによって使用された書記体系を見慣れていれば、読み取り行為は文字イメージを作り出す結果になるであろう。Bは書かれた記号の形と配列を認識し、目を閉じてもおそらく心に思い浮かべることができるであろう。このように心の目に映し出されるのが文字イメージである。

77. Bが書かれた文字とそのおおよその読み方に慣れていれば、文字イメージを（Aのものと概ね同じ）音声イメージに転換するであろう。

78. BがAによって書かれた語や語群に慣れていれば、その音声イメージは対応する概念に融合されるであろう。そしてその概念は、Aの心の中で回路を動かし始めるきっかけとなったそれと概ね同じであろう。

79. この副次的言語回路は「ライティング・リーディング回路」と呼ぶことができそうである。A、B両者に見られる通り、この回路には精神的活動が付け加わることになる。したがって主要言語回路よりも構造が複雑であり、回路が効力を発揮するためには付加的な精神的活動が習得されていなければならないのである。

80. ただし、この副次的回路にはその一部において、主要回路実行の際には不可欠であったかなりの迅速性を必要としないという利点がある。例えばAが、考えるのに時間を取り、文字を書く際にも数秒の間を取るなどののんびりした方法で記述行為を行ったり、Bもまた時間をかけて目の前の文字を好きなだけ眺めているかも知れない。話し言葉による主要回路では、このようなことをしていれば言葉が消え失せてしまう。

81. しかしこの利点とは多くが幻想である。ライティング・リーディング回路が比較的スローペースであることは、概念の送り手あるいは受け手の言語運用が未熟であるという事実を隠してしまうことになる。主要回路の使用に熟達する前に学習者がこの副次的回路を使用すると望ましくない習性を身につけてしまう傾向がある。1つは反応を遅くさせ（その結果、書くのも読むのも遅いままである）、正確に融合させることに注意を怠り、発声行為や聴取行為をおろそかにしたりする傾向である。また、口慣らしの過程であるにも関わらず、単調な反復練習を避けるためにライティング・リーディングを口実にして口慣らしを行おうとしないのである。さらに、言語運用であれ言語知識であれ、言語の単位として

孤立語というものは存在しないのだが、注意力を孤立語に限定してしまう傾向がある。つまり、注意力やエネルギーを本来的な主要言語運用から二次的な副次的言語運用に転用してしまい、主要言語運用を怠るのである。一番困るのは、概念に相応する正しい音声イメージを数多く持つことが言語活動の熟達度を高めるという事実を覆い隠してしまうことである。

82. これまでに明らかにされた証拠によると、概念が（送り手・受け手それぞれの）文字イメージに直接つながるルートといったものはない。通常の「書く」という行為においては、意識的にあるいは無意識的に自分自身に向かって口述した音声イメージを書き留めるのである。また通常の「読む」という行為においては、自分の目の前にある書き物によって喚起された音声イメージを意識してあるいは無意識に解釈するのである。

83. 2つの言語形式や言語構造の内、どちらが概念を表現するのに通常で適切か不確かな時に、心の中であるいは聞こえるように発音し、その結果として得られる音声イメージが適切か不適切かを決めるという事実は、さらなる裏付けとなる興味深い証拠と言える。教師が、生徒の作文を訂正する時にも必ず、この方法によってどの語や語群は不適切で誤りとして印をつけたり、適切で正しいと判断して合格させているのである。

84. つまりこれが「オーラル・メソッド」と呼ばれる理由であり、主要言語回路に関わる心と身体の活動に生徒たちを習熟させることを所期の目的とする指導法であり、より複雑な副次的言語回路に関わる活動は後で行うことになる。そして生徒たちに15の言語習性が申し分のない程度に身についた時には、その言語を「言語知識」として歴史的、分析的、文学的、修辞的などの各方面から勉強する準備が十分にできているということになる。

85. 主要言語回路の場合と同じく、適切な習性を形成することによりライティング・リーディング回路に熟達することができる。副次的回路に関しても 6 つの習性がある。

言語運用の習性 7「文字識別（Visual Observation）」

86. 学習者は、言語材料（Speech Material）を識別する習慣を形成する。書かれた言語材料はおおまかに、文字（アルファベット 26 文字）、表音文字（日本語のカナなど）、表意文字（アラビア数字や漢字）と定義され、語や語群の中で単独あるいは組み合わせて使用される。文字識別により、発音から類推されるつづり（発音表記の場合）や発音から半分程度類推されるつづり（伝統的な正書法の場合）、また発音からは全く類推されない綴り（漢字のほとんどの場合）にも慣れることができる。

言語運用の習性 8「書写（Graphic Mimicry）」

87. 学習者は、書かれた言語材料の手本を真似（あるいは模倣）する習慣を形成する。ペン（あるいは他の筆記用具）を持ち、それを必要な方向に動かす筋肉の動きを作り出す技能を習得することにより、真似できるようになる。目の前に手本を置くか、識別した手本の記憶を頼りにするかのいずれかにより模倣するのである。

言語運用の習性 9「筆記反復（Graphic Mechanizing）」

88. 学習者は、ペンや筆記用具による動作に意識的に注意を向けなくとも語や語群を正確に書く習慣を形成する。タイプライターのキーボード上での正確かつ迅速な指使いもこの習慣の延長と考えられる。

言語運用の習性 10「音声イメージの文字イメージへの融合（Fusing Acoustic Image to Motor Graphic Image）」

89. 学習者は、音声イメージを正確かつ迅速に文字イメージに転換する習慣を形成する。その結果、人から口述されたことや自分が自分に対して口述したことを書き留めることができるようになる。

言語運用の習性11「文字イメージの音声イメージへの融合（Fusing Motor Graphic Image to Acoustic Image）」

90. これは、習性10を補完するものである。学習者は、文字イメージを正確かつ迅速に音声イメージに転換する習慣を形成する。この習慣を形成したり練習することに過大なエネルギーをかける場合には、その結果としてより重要な主要言語運用の習性4（セクション43、44）を抑制してしまうことになる。

言語運用の習性12「音声的または文字的刺激に対する即座の音声的または文字的反応（Immediate Oral or Non-Oral Reactions to Oral or Non-Oral Stimuli）」

91. この言語運用の習性に関する説明は、反応が主要言語運用の習性に限定されず、ライティング・リーディングの習性にも適用されることを除けば、習性6と実際的には同じである。

ライティング・リーディングの6習性を身につける方法（How to Acquire the Six Writing-Reading Habits）

92. これらの習性を身につけるための練習は2グループに分けることができる。
    (a) 副次的なライティング・リーディングの言語運用の習性のみに関係する練習
    (b) 主要言語運用の習性と副次的なライティング・リーディングの言語運用の習性の両方に関係する練習
    最初のグループには、以下の3つの練習方法が含まれる。

文字識別練習（Eye-Training Exercises）

93. この練習は、親しみのない文字、表音文字、表意文字の体系を初めて学ぶ学習者に必要である。学習対象となる書記体系が漢字である場合には、文字イメージ感覚を伸ばすためにさまざまな練習が考えられる。しかし、アルファベットのような単純な表記システム（国際音標文字も含む）の

場合には、この練習は最小限でよい。「ルック・アンド・セイ」による練習は、最も効果的な練習方法の1つである。

このような練習は、特に言語運用の習性7および12を伸ばすのに効果がある。

習字練習（Calligraphic Exercises）

94. これは、最良の手本に倣って学習者に文字を書かせるさまざまな練習である。書写練習帳を活用した練習が中心になる。文字を丁寧に書く（Tracing）練習も効果的であろう。

このような練習は、特に言語運用の習性8および12を伸ばすのに効果がある。

転写練習（Transcription Exercises）

95. この練習は、与えられた書記体系を転写（Transcribing）したり、別の書記体系に書き直し（Transliterating）することによる。学習者は、大文字で印刷された文字や単語、文章を筆記体で書き直したり、普通に印刷された読本の数行を書き写したりするように指示される。日本語の書き方を学ぶ学習者であれば、カタカナをひらがな（あるいはその逆）に書き直したり、仮名を漢字（あるいはその逆）に、仮名をローマ字（あるいはその逆）に、漢字をローマ字（あるいはその逆）に、ヘボン式ローマ字を訓令式ローマ字（あるいはその逆）に書き直す練習などが考えられる。

96. 英語学習者に対しては、従来のスペリングから発音記号に書き直す（あるいはその逆）練習が特に有益である。

このような練習は、特に言語運用の習性7、8および12を伸ばすのに効果がある。

97. 主要言語運用の習性と副次的なライティング・リーディングの言語運用の習性の両方に関係する練習には、以下の6つの練習方法が含まれる。

無意味音読（Nonsense Reading）

98. 読んでいる内容を理解しないまま音読をすること（ジョーンズ教授はほとんど意味が全くわからない、少なくとも12言語の表音文字で書かれた文章を正確な発音で音読することができる）。

　このような練習は、特に言語運用の習性6、7、11、12およびそれに付随して1と2を伸ばすのに効果がある。

無意味書き取り（Nonsense Dictation）

99. 教師が口述した言語材料を、書かれている内容を理解しないまま書き留めること。これは学習者の音識別を訓練したりテストしたりするのに最も適した練習方法の1つである。

　このような練習は、特に言語運用の習性1、6、10、12およびそれに付随して8と11を伸ばすのに効果がある。

音読（Reading Aloud）

100. 十分な意味理解を伴いながら、個別の単語や語群、個別の文や文章を音読すること。

　このような練習は、特に言語運用の習性4、6、7、11、12およびそれに付随して2、3と10を伸ばすのに効果がある。

黙読（Reading Silently）

101. 十分な意味理解を伴いながら、同じ言語材料（特に文章）を声を出さずに読むこと。

　このような練習は、特に言語運用の習性4、6、7、11および12を伸ばすのに効果がある。

書き取り（Ordinary Dictation）

102. 言うまでもなくこれは、通常の弱形や同化のすべてを含むナチュラルな発音を聞かせて書き取らせるべきである。

　このような練習は、特に言語運用の習性1、4、6、8、10、12および

それに付随して 3 と 9 を伸ばすのに効果がある。

作文（Auto-Dictation）

103. 文や文章、完成した作文（手紙など）を書き手が自分で口述して書き留めること。これはいわゆる「作文（Composition）」である。作文は自分で言ったことを自分で書き取るのでなければ、本当の作文ではない。そうでなければ、心の中で行う翻訳（言語運用の習性 13）か、即興で文を作ること（言語運用の習性 14）になってしまう。

　作文練習にはいろいろな方法や段階があると思われる。それらの中には、さまざまなタイプの定型会話に含まれる質問を書き、それに答えるというやり方もあるだろう。

　このような練習は、特に言語運用の習性 4、5、6、10、12 およびそれに付随して 8、9、11 を伸ばすのに効果がある。

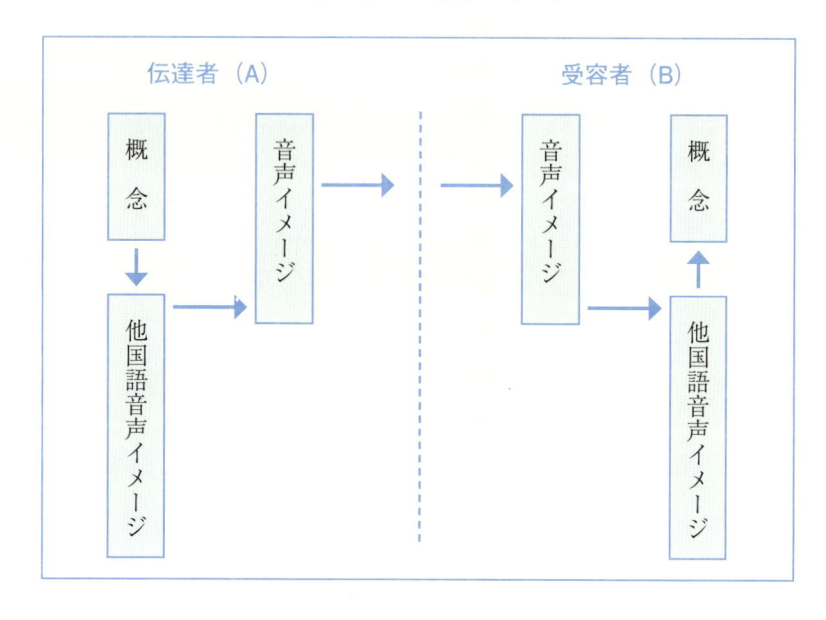

	伝達者（A）		受容者（B）	
	概念 → 音声イメージ	→	音声イメージ → 概念	
	↓	→	↑	
	他国語音声イメージ		他国語音声イメージ	

104. 第二次副次的言語回路（翻訳回路）のメカニズムとは次の通りである。A（概念を伝達しようとする人物）がある概念を脳内に形成する。この概念は A の母国語により「音声イメージ」に融合される（例えば、母

国語は日本語で、音声イメージは「ネコ」という日本語によるものと仮定）。「ネコ」の音声イメージは伝達対象となる人の母国語による「音声イメージ」を喚起する（母国語は英語で、音声イメージは"cat"という英語によるものと仮定）。このとき、Aは"cat"と発声（実際に発声）するかも知れないし、ライティング・リーディング回路に転換して、catと書くかもしれない。B（概念の受け手）はcatという語を聞くあるいは読み、その音声的イメージにより心の中に相応する概念が喚起されるであろう。もしこの両名が英語を話す日本人であれば、言語運用回路は下記8つのルートのいずれかを通るであろう。

送り手であるAには以下の4ルートの可能性がある。
(1) C（概念）→ AI（音声イメージ）"cat" → P（発音）"cat" →
(2) C → AI "neko" → AI "cat" → P "cat" →
(3) C → AI "cat" → MGI（文字イメージ）"cat" → G（筆記）"cat" →
(4) C → AI "neko" → AI "cat" → MGI "cat" → G "cat" →

受け手であるBには以下の4ルートの可能性がある。
(1) → A（聴取行為）"cat" → AI（音声イメージ）"cat" → C（概念）
(2) → A "cat" → AI "cat" → AI "neko" → C
(3) → GV（読取行為）"cat" → GVI（文字イメージ）"cat" → AI "cat" → C
(4) → GV "cat" → GVI "cat" → AI "cat" → AI "neko" → C

105. 上記のような言語回路の相互連結パターンをさらに詳細に分析して、読者を疲れさせてしまっては意味がない。主要回路が最も直接的であり、副次的回路はいずれもあまり直接的ではなく、副次的回路の相互連結は非常に複雑に入り組んでいることを指摘すれば十分である。しかし、平均的な生徒が初めて行うことになるのはまさにこの複雑な連結であり、概ね最後に練習することになるのがまさに上記のパターンの中で最も簡単で直接的なものとなることに注目すべきであろう。

106. 今日、心の中で行う翻訳練習が適切であると考える教育者はほとんどいないと思う。実のところ、経験豊かな言語学者たちの大方の意見は、翻訳活動のほとんどの方法は不効率で有効性に乏しいため、非難されるのである。

107. しかしながら、ある特定の形式の翻訳については、常日頃から「翻訳回路」を頼みにして、より直接的な回路に損害を与える結果にならなければ、効率的で有益であると考えている。翻訳の「練習（Practice）」とは結局のところ、翻訳の「過程（Process）」とは異なるということである。一例として、もし私が日本語の学習者として、あくまでも自分の便宜のために、新出語や新出構文を英語に翻訳すると効率が上がることを承知していれば、自分は何でも翻訳するという精神的習慣にとらわれていることにはならない。（翻訳により）新語や新しい構文の説明が自分の母国語（英語）で行われる時には、日本語の単語や語群をそれらに該当すると思われる概念に融合し始めるのである。

108. 翻訳の習慣はより適切な効率のよい習慣を妨げる傾向にあるので悪い習性となり得るのである。しかし良かれ悪しかれ、翻訳は副次的言語運用の習性に含める必要がある。

言語運用の習性 13「音声イメージの言語間連合（Associating Acoustic Image in One Language with Acoustic Image in Another Language）」
この習性の定義と詳細について述べることは不必要と思われる。

言語運用の習性 14「辞書および文法書の利用による言語材料の即製・開発（Improvising or Inventing Speech Material by the Help of Dictionary and Grammar Book）」

109. この習性は、純粋な言語運用の習性（Speech Habits Proper）と言語知識の習性（Language-Habits）の中間にあたる過渡的なものである。言語運用との関連においては概念を伝える手段としての役割を果たす習

性と考えられるが、「言語記号」の細かな点を巧みに利用すること（概ね有害であるが）になると言語知識の習性に分類される。

　これは外国に居住する人々が往々にして身につける習性と言える。基本的言語材料の聴覚による観察、口による模倣や口慣らしの過程を経ずに、自分にとって最少抵抗線（Line of Least Resistance）と思われるものを取り込むのである。そして、主要言語運用の6習性を身につけた者にはわからない方法で外国語の文を即座に作るのである。言い方を変えれば、この人たちは派生的言語材料の本源となる基本的言語材料を十分に身につけない状態のまま、派生的言語材料を作り出そうとしているということである。

言語運用の習性15「翻訳あるいは即製に関連する刺激に対する迅速な反応（Immediate Reactions to Stimuli Relating to Translation or Improvising）」

110. これは、習性の13および14において説明を行った、精神作用を電光石火のスピードで実行する習性（概ね有害であるが）である。これは悪いことを行う正しい方法と見ることができよう。

111. 言語運用の習性13、14および15を形成するのに適した練習のタイプを特定するためには一貫性が必要となる。それらは以下の通りである。

母国語から外国語に声を出して翻訳すること（Translating Aloud from the Mother Tongue into the Foreign Language）

112. このような練習には有益なものもあれば、その反対のものもある。学習者にとって有益か否かは、その学習者がより必要とされる言語運用の習性を身につけているか、またその練習が正しい方法で行われているかに依って決まる。外国語の言語材料（あるいはそのほとんど）がすでに口慣らしされている場合にはその練習方法は有効であろう。そうでない場合には、むしろ不利益となるだろう。

　このような練習は、言語運用の習性3、4、5、6、13、14および15を伸ばすのに効果がある。

母国語から外国語に書くことにより翻訳すること（Translating by Writing from the Mother Tongue into the Foreign Language）

113. セクション 112 と同じ説明が当てはまる。

　　　このような練習は、言語運用の習性 3、4、5、8、11、12、13 および 15 を伸ばすのに効果がある。

（口頭あるいは書くことにより）外国語から母国語に翻訳すること（Translating from Foreign Language into Mother Tongue: Orally or By Writing）

114. この練習方法は、より大切な習性を阻害しない範囲で行うのであれば、有益である。

　　　このような練習は、言語運用の習性 4、13 および 15 を伸ばすのに効果がある。

言語知識習得のための具体的練習（Specific "Language" Exercise）

115. 学習者に、特に言語運用の 15 習性を身につけさせるためのさまざまな練習や工夫に加えて、言語記号の総和である膨大な数の規則に関する意識化された知識（つまり言語知識）を習得させるための練習や方法を考える必要がある。

116. 言語使用の目的がふつうに話したり、読んだり、手紙を書くことに限られている人の場合には、言語記号に関する学習は精神的な鍛錬以外にはほとんど価値がないと思われる。

117. 外国語で文学作品を書いたり、翻訳の専門家になりたいと考えている学習者にとっては、言語記号を言語記号として深く広く学ぶことは確かに有益である。教師になろうと考えている人も同様であろう。教師は言語記号を言語運用に活用できるだけではなく、言語記号それ自体についても専門的な知識を持たなければならないからである。

118. 純粋に（言語運用の練習とは区別して）言語知識を学ぶことには、音声学、文法構造、意味論や正字法の観点に基づき、言語の歴史や発達について学ぶことが含まれる。別の言い方をすれば、言語習性の熟達は「共時的（Synchronical）」側面に限られるが、言語知識の学びは「共時的」であると同様に「通時的（Diachronical）」であるということである。

119. 純粋な言語知識の学びには、言語の構造や語源、構文の詳細な分析、文体論や文学、韻律形式の仕組みが含まれるかも知れない。また翻訳の技法も含まれることになるだろうが、言語学の分野において最も困難で骨の折れる作業である。

120. 言語知識の学習に特化して使われる適切な練習や方法に関しては、この覚書の中で述べる必要が全くない。構文の解析と分析、古典文法の規則、文章の分析的読解、意訳、文芸作品執筆、外国語の翻訳、文体の研究などが主たる方法である。これらの方法は、いずれもよく知られた方法であり外国語が学校で教えられている国々では絶えず実践されている。

121. 上記の方法については、言語運用の 15 習性が十分に身につくまで実行は保留する方がよいことはおわかりいただけると思う。

コース・デザイン（The Designing of the Course）

122. これまでに述べてきたことから、およそ 20 程度の主要な練習方法や指導単元（Forms of Work）が、教師が仕事を行う上で役立つことがわかる。これらの多くは機能、特殊性や難しさの程度によりさまざまな方法で細分化される。語学教師と称される人たちであれば 100 〜 200 種類の手順を自由に使うことができると言っても誇張ではないだろう。

123. この 100 〜 200 種類の手順の中から、教師は自分が望む結果を最大限もたらすと考えられる方法を選択する必要がある。この指導単元の選定

とその最適な配列はコース・デザイナーが行う仕事となる。『言語コース』の著者とは暗に、いずれもコース・デザイナーであることがわかる。これまでのページで説明が行われてきた資料によると、コース・デザイナーの仕事とは決して軽くないことがわかる。

　自分に与えられた生徒や学級のカリキュラム編成を務めとして、あるいは望みとして行う人たちの参考になるように以下の8つの観点を提案する。

観点1　目的（Consideration No. 1, Purpose）

124. コースの目的とは何か。コースはどのような目的を達成するために設計されるのか。学習者は初級者かそれとも上級者か。学習者たちは悪い習性をよい習性に換えたいと考えているか。学習者は子どもか大人か。自分から学習したいと考えているかそれとも学習しなければならないと考えているか。個別指導を受けているかそれとも一斉指導を受けているか。言語使用に熟達したいと考えているかそれとも言語知識の試験に合格したいと考えているか。コース期間は3ヶ月かそれとも10年間か。

観点2　効率（Consideration No. 2, Economy）

125. 学習者が難しくどちらかと言えばあまり重要ではない技能を成功がおぼつかなくても行うことと、学習者が簡単で比較的身につけやすい技能を行うことに成功することのどちらがより望ましいのか。最小限の時間内に、最小限の努力で最大限望まれる結果を出すことというやり方は望ましいか、それとも望ましくないか。

観点3　進行（Consideration No. 3, Order of Progression）

126. 主要言語運用の習性は副次的言語運用のそれに先行して形成されるべきことを確信しているかそれとも確信できないか。言語運用は言語知識の鍵となることを確信しているかそれとも確信できないか。信念に従って行動する準備ができているか、それとも確たる信念を持たず、偶然で行き当たりばったりの進行順序に満足できるか。

観点 4　段階（Consideration No. 4, Gradation）

127. どちらが適切な発達曲線か。緩やかな勾配から出発し、段階的に急勾配になることが望ましいか。それとも最初から急勾配で行くか。どちらが望ましい行動原理（Maxim）と考えられるか。「徐かに急げ（Festina lente）」あるいは「学習者からベスト・パフォーマンスを引き出すためには、力量の3倍にあたるものを与えよ。」

観点 5　釣り合い（Consideration No. 5, Proportion）

128. 外国語の言語運用あるいは言語知識の1つの特別な側面や特徴に集中することは望ましいかあるいは望ましくないか。ある品詞は他に比べ特別に注目する価値があるか。特に注目すべき言語運用や言語知識の特徴というものはあるか。ある特定の構文や単語は他のものよりも学ぶ価値があるという考え方は正しいかそれとも誤りか（観点2参照）。

観点 6　興味（Consideration No. 6, Interest）

129. 教室という観点から、自発的な注意と自発的でない注意にはどのような違いがあるか。自分の作業に興味がない学習者に学ばせることは可能か不可能か。よい言語習慣を犠牲にしてまで、授業をおもしろくすることは道理にかなうかそれともかなわないか。どちらが興味深い指導単元か。どのようにすればあまり興味深くない指導単元を興味あるものにすることができるか。教師あるいは学習者が外国語で冗談を言う方法はよいか悪いか。ゲーム的な活動はどの程度まで教室に導入することができるか。伝統的な『読本』から離れると学習者は興味がわかないというのは本当か。そうであるならばその理由は。正当性を欠く興味とはどのようなものか。

観点 7　具体性と曖昧さ（Consideration No. 7, Concreteness Versus Vagueness）

130. 教えるということはどの程度まで具体的にすることができるのか。規則に比べて例はどの程度の価値を持つのか。定型会話を通して、文法の主要原則を教えることは可能か不可能か。

観点 8　正確さ（Consideration No. 8, Accuracy）

131. 学習の初期段階から正確さを強調することは望ましいか、望ましくないか。流暢さとは正確さの不可欠な部分であるというのは正しいか。初期段階における不正確さはどの程度まで容認するか。不正確さが正確さに転換するには時間を要するとはその通りか。子どもの言語使用は不完全で、教育を受けた大人の言語使用は理想標準であるという事実とどの程度一致した行動ができるか。理想的な正確さとはどのようなものか。教育のない英語の母語話者と英語を使用する教育を受けた外国人の言語用法をどのような方法で比べるか。学習者に片言で自分の考えを表現させることと、英語ではない英語で自己表現させるよりはむしろ発話しないようにさせておくことではどちらがより重要か。

科学対経験主義（Science Versus Empiricism）

132. 科学的にデザインされたコースにおいては、最も適切な言語材料が選定され、適切な指導単元により配列され、その単元は最も効率的かつ効果的に結果につながるように釣り合いを取り、段階づけて配置が行われる。

133. 経験主義的にデザインされたコースにおいては、言語材料の選定あるいは指導単元の選定、釣り合い、段階づけといったものがほとんどあるいは全く行われていない。そのような経験主義的にデザインされたコースの中でも劣悪なものは「いんちきコース」とでも言うべきで、真剣な学習者にとっては何ら注目に値する内容を持たないコースである。

複合的アプローチ（The Multiple Line of Approach）

134. 科学的な原理に基づいてコース・デザインを行う際に、膨大で異質な題材からの選定また配列を行うことは非常に難しい作業であるため、手順を簡略化しておくことが必要である。これを行う上で、活用可能なすべての指導単元を収集し、その単元を適切と思われるさまざまな方法で分類することは効果的である。このような単元の内、例えば発音の習性を身につけさせる単元であれば、それらをグループ化して段階づけ、発

音系列アプローチ（Pronunciation Line of Approach）を編成するのである。

135. リーディングの要素を指導するためにデザインされた単元を取りまとめ、グループ化して段階づけ、リーダー系列アプローチ（Reader Line of Approach）を編成する。また、教師および学習者に身体的活動を要求する単元（例えば命令練習）を取りまとめ、グループ化して段階づけ、口頭指示的アプローチ（Oral Ostensive Line of Approach）を編成することもできよう。このような「〇〇系列アプローチ」という名称をつけて指導単元を分類することにより、コース・デザイナーは異質な組み合わせの指導上の工夫や指導方法を等質のまとまりに区分して、組織的にまとまりのある全体を構成することができる。このようにしてコース・デザイナーは自分の影響力を集結し、教師の利便性や実用性を考慮して影響を及ぼすことになる。

136. それぞれの系列アプローチは、必要なものを完備した一単元で他系列とは関係なく単独の場合もあれば、他の系列を補ったり補われたりする場合もある。

　　これが、私が考える科学的にデザインされたコースのコンセプトである。

137. 以下に示す系列アプローチは、学校の教育課程として最適かつ有用なコースであることがわかっていただけるであろう。

系列アプローチ 1 「発音」（Line of Approach No. 1, "Pronunciation"）

138. 最も効率的・効果的に結果を産み出すように考えられた指導方法や指導上の工夫を、適切に段階づけて釣り合いをとった指導単元は発音にふさわしい内容と言える。

系列アプローチ２ 「指示による口頭練習」（Line of Approach No. 2, "Oral Ostensive"）

139. 教師および学習者に身体的活動を要求する指導方法や指導上の工夫を、適切に段階づけて釣り合いをとった指導単元。この系列アプローチにおける主な指導内容は以下の通りである。
    (a) 命令練習
    (b) 動作練習（グアンのものを修正）
    (c) ジェスチャーや動作、実物や写真の利用を伴う定型会話
    (d) 写真を活用したストーリー・テリング

系列アプローチ３ 「文脈による口頭練習」（Line of Approach No. 3, "Oral Contextual"）

140. この系列は、定型会話の内、文脈タイプのものにより構成される。最も初歩的でドリル的なものから、さまざまなレベルや段階のものを通じて、最も発展的な連続もの（Sequential）を含む。

    *Sequential Groups の例

    Do you use a knife when you cut?
    —Yes, I use a knife when I cut.
    Do you use a pencil when you cut?
    —No, I don't use a pencil when I cut.
    Do you use a knife or a pencil when you cut?
    —I use a knife.
    When do you use a pencil?
    —I use a pencil when I write.

    （『現代の英語科教育法』pp.41-42 より引用）

系列アプローチ４ 「文法と構造」（Line of Approach No. 4, "Grammar and Structure"）

141. この系列アプローチは、学習者が口慣らしと意味との融合を終えた基本的言語材料との類推により、派生的言語材料を作成させることに特化

してデザインされる。主に下記内容により構成される。
(a) 置き換え表
(b) 分析表
(c) 段階的文の組み立て練習

系列アプローチ 5「読本」(Line of Approach No. 5, "Reader")

142. 音読あるいは黙読、ディクテーション、その他補助的な目的に合わせて段階的に選定した題材を配列する。この系列アプローチは、初年次のコースでは価値がない（有害になる可能性もある）。おそらく 2 年次から始めて、次第に力を入れて、最終的に他の系列アプローチを排斥して使われるようになるかもしれない。

　しかし、慣例により、初年次の読本がローマ字を使用するための準備練習を目的として編集されているならば、価値がないこともなくまた有害でもない。このような読本は、次のアプローチにおいて活用してはどうだろう。

系列アプローチ 6「書き方」(Line of Approach No. 6, "Writing")

143. 学習対象の外国語が、学習者の母国語の書記体系と大きくあるいは完全に異なる場合には、親しみのない記号を教えるという特定の目的を持つ系列アプローチが必要となる。最初は、このアプローチを英語の授業とは完全に切り離して行ってもよい。実際のところ、日本人の子どもであれば日本語の単語（人名、地名など）や文章を訓令式ローマ字で書くことに習熟することから始めるかも知れない。

　今日においては、伝統的な英語の正書法は初年次のプログラムからは除くということで全体的な合意が得られているように思われる。つまりそれは、何らかの英語のスペリングを導入するのであれば、適切な発音表記（Phonetic Transcription）に従って導入すべきであるということを意味する。

系列アプローチ 7 「会話」 (Line of Approach No. 7, "Conversation")

144. コース・デザインの理論と実践に十分な注意を払わない人たちはたいてい、適切に話すことを学ぶ「会話レッスン」とコース内に配置された「定型会話」や主要言語運用習性の形成を目的とする同様の指導上の工夫を行った授業との本質的な違いを十分に認識していない。そのような人たちはあらゆる形式の口頭作業を、大まかで曖昧な「会話」という名称で、無差別に一括しようとする傾向がある。

　もっと念入りな分析と正確な定義によるならば、口頭作業は必ずしも会話である必要はなく、会話もまた口頭で行われる必要はない。

　会話系列アプローチの定義とは「さまざまな会話の方法が用いられるアプローチ」ではなく「学習者が外国語で日常的な話題について会話することに習熟させることに特化したアプローチ」とすべきである。

145. 私の見立てでは、会話系列アプローチは大半が口頭によらない（**Non-Oral**）のである。学習者には本物の口語英語のモデルが与えられるが、そのモデルは教師（あるいはコース・デザイナー）から文字形式で提供され、自宅で手順通りに反復練習して口慣らしすることが求められる。そして、学習者は口慣らしが完了したさまざまなモデルを、実際の会話を想定した口頭作業の中で実行し補完するのである。さらに、実際の会話に役立つ派生言語材料の生成も求められるのである。

146. 会話系列アプローチとは、学習者に「定型」会話を行うための手段や機会を与えるのではなく、一般的に受け入れられる実際の通常会話を行うための手段や機会を提供するのである。

147. この他にも可能性だけでなく、望ましいと思われる系列アプローチとして「作文と翻訳」あるいは「作文」「翻訳」というアプローチが提案できる。しかしこれらは、他の「読本」「文法と構造」「文脈口頭」アプローチに入れるとちょうど良いかも知れない。さらにまた「旅行者に対する応急処置（First Aid to Travelers）」というタイトルのアプローチ

を付け加えることもできるだろう。その内容は、海外旅行を計画している人たちや海外からの旅行者と日常的に関わる人たちのニーズに応えることに特化してデザインされるのである。

148. もし学習者が商用通信に熟達したいと考えているならば、国際的な商工業や経済に関連する手紙や文書を理解して作成できることを優先する練習を課すような特別アプローチをデザインすべきである。この他にも同様の、特別アプローチの提案が可能ではないだろうか。

教室における手順（Class-Room Procedure）

149. これまでにコース・デザインに関するさまざまな原理や手順を吟味して、それらが心理学の知見に基づくことが確認できたので、最後に教師が実際に教室で行う実践について大まかに検討することにしよう。

150. 教師は、コース・デザイナーと同様の観点から実践を行うことになる。

151. 教師はある特定の系列アプローチやそのアプローチの構成要素の目的を念頭に置いて、それらをデザインされた目的に合わせて活用することが求められる。例えば、「会話」のレッスンは主要言語運用の習性における練習目的とは異なることを認識していなければならないのである。

152. コース・デザイナーと同様に、教師は学習者の時間と努力の効率化を図ることが求められる。それゆえ、どちらかと言えば価値のない言語材料を口慣らしさせたり、効果的な指導方法があるにもかかわらず別の方法で教えたりすることは避けるべきである。

153. コース・デザイナーと同様に、教師は合理的な進行順序を守る必要がある。コース・ワークの出発点とその望ましい進行方向について明確な考えを持たなければならない。

154. コース・デザイナーと同様に、教師は段階づけの原理を適用する必要がある。学習者に「産出（Produce）」を要求する前に「受容（Receive）」させるべきである。具体的には、文字イメージよりもむしろ音声イメージを媒介としてまず言語材料を受容させる。また「自由練習」の前に「ドリル練習」を、「個人練習」の前に「一斉練習」を行わせることになる。

155. 教師はコース・デザイナーとは比較にならない程、学習者の興味喚起や維持について理解することが必要である。口頭による授業はリーディングの授業よりも学習者の興味・関心を高めることは明らかである。

156. 教師はコース・デザイナーとは比較にならない程、あらゆる情報を漠然とした形ではなく具体的に与えなければならないことについて理解することが必要である。理論はすべて実践を通して教えられるべきことを理解する必要がある。

157. 教師はコース・デザイナーとは比較にならない程、最初から正確さを強調するが、訂正に際しては、学習者にとって「過度の訂正」言い換えるならば、不必要で不適切な訂正にならないように注意する必要がある。

158. 教師は「複合的アプローチ」の原理を、学習者がアプローチに沿って取り組む複数の課題に連続的に精通させることと理解しなければならない。複数の課題は当初、並列して行われるがコース学習が進行するにつれて徐々に1つの課題にまとまるのである。例えば、教師は他のアプローチにより効率的に結果が得られる場合に口頭指示アプローチは使用しなかったり、読本による発音指導、文脈口頭により通常会話の指導は行わないのである。

159. 教室における教師は、コース・デザイナーの研究意図を体現するのである。ちょうどそれは、コース・デザイナーの業績が文法研究者、言語学者、音声研究者また言語心理学者の知見に基づいて達成されるのと同

様である。

160. この覚書の目的は、言語心理学の理論と教室で教師が実際に行う指導に至るまでの中間段階を含む関係を明らかにして正しい結論を導き出し、また多くの国々の学校で支持されつつある指導法が心理学研究の結果により説明され正当化し得るものであることを示すことにある。この覚書は簡潔・簡明な形式に留まるものであるが、いつの日かその内容を豊富で明瞭となる形式でまとめ、今回の結論を導き出すに至ったエビデンスについても加筆したいと思う。

ハロルド・E・パーマー

参考文献

Bernhardt, E. B. (2011). *Understanding advanced second-language reading*. New York, NY: Routledge.

Brown, H.D. (2007). *Teaching by principles: An interactive approach to language pedagogy* (3rd ed.). New York,: Pearson Education.

Brown, H.D. (2014). *Principles of language learning and teaching* (6th ed.). New York,: Pearson Education.

Bygate, M, Skehan, P. & Swain, M. (Eds.). (2001). *Researching pedagogic tasks: Second language learning, teaching and testing*. London: Longman.

Canale, M., & Swain, M. (1980). Theoretical bases of communicative approaches to second language teaching and testing. *Applied Linguistics, 1*, 1-47.

Canale, M. (1983). From communicative competence to communicative language pedagogy. In J.C. Richards & R. Schmidt (Eds.), *Language and Communication* (pp. 2-27). London: Longman.

Celece-Murcia, M., Brinton, D. M., & Snow, M. A. (Eds.). (2014). *Teaching English as a second or foreign language* (4th ed.). Boston, MA: Heinle.

Chaudron, C. (1988). *Second language classroom: Research on teaching and learning*. Cambridge: Cambridge University Press.

Cohen, A. D. (2011). *Strategies in learning and using a second language*. London: Longman.

Council of Europe (2001). Common European Framework of Reference for Languaes: 4 Language use and the language user/learner. Available from http://www.coe.int/t/dg4/linguistic/Source/Framework_EN.pdf.

DeKeyser, R. M. (Ed.). (2007). *Practice in a second language: Perspectives from applied linguistics and cognitive psychology*. Cambridge: Cambridge University Press.

Doughty, C., & Williams, J. (Eds.). (1994). *Focus on form in classroom second language acquisition*. Cambridge: Cambridge University Press.

Ellis, R. (1997a). *SLA research and language teaching*. Oxford: Oxford University Press.

Ellis, R. (1997b). *Second language acquisition*. Oxford: Oxford University Press.

Ellis, R. (2003). *Task-based language learning and teaching*. Oxford: Oxford University Press.

Ellis, R., & Barkhuizen, G. (2005). *Analysing learner language*. Oxford: Oxford University Press. *Language Testing 19*, 246-76.

Gass, S. (1997). *Input, interaction, and the second language learner*. Mahwah, NJ: Lawrence Erlbaum Associates.

Griffiths, C. (Ed.). (2008). *Lessons from good language learners*. Cambridge: Cambridge University Press.

Harmer, J. (2013). *The practice of English language teaching* (4th ed.). Essex: Pearson Education Limited.

Harwood, N. (Ed.). (2010). *English language teaching materials: Theory and practice.* Cambridge: Cambridge University Press.

Hedge. T. (2014). *Teaching and learning in the language classroom.* Oxford: Oxford University

Hinkel, E. (Ed.). (2011). *Handbook of research in second language teaching and learning Volume II.* New York, NY: Routledge.

Hinkel, E., & Fotos, S. (Eds.). (2008). *New perspectives on grammar teaching in second language classrooms.* New York, NY: Routledge.

Krashen, S. (1985). *The input hypothesis: Issues and implications.* London: Longman.

Kumaravadivelu. B. (2009). *Understanding language teaching: From method to postmethod.* New York, NY: Routledge.

Larsen-Freeman, D. (2003). *Teaching language: From grammar to grammaring.* Boston, MA: Heinle.

Larsen-Freeman, D., & Anderson, M. (2011). *Techniques & principles in language teaching.* Oxford: Oxford University Press.

Lightbown, P. M., & Spada, N. (2013). *How languages are learned* (4th ed.). Oxford: Oxford University Press.［白井恭弘・岡田雅子（訳）（2013）『言語はどのように学ばれるか』岩波書店］

Long, M. H., & Doughty, C. J. (Eds.). (2011). *The handbook of language teaching*, Chichester: Wiley-Blackwell.

McDonough, J., & Shaw, C. (2003). *Materials and methods in ELT* (2nd ed.). Oxford: Blackwell.

Nation, I. S. P. (2009). *Teaching ESL/EFL reading and writing.* New York, NY: Routledge.

Nation, I. S. P., & Newton, J. (2009). *Teaching ESL/EFL listening and speaking.* New York, NY: Routledge.

Nassaji, H., & Fotos, S. (Eds.). (2011). *Teaching grammar in second language classrooms: Integrating form-focused instruction in communicative context.* New York, NY: Routledge.

Nunan, D. (1990). *Designing tasks for the communicative classroom.* Cambridge: Cambridge University Press.

Nunan, D. (2004). *Task-based language teaching.* Cambridge: Cambridge University Press.

Nuttall, C. (2005). *Teaching reading skills in a foreign language.* Oxford: Macmillan Education.

Odlin, T. (Ed.). (1994). *Perspectives on pedagogical grammar.* Cambridge: Cambridge University Press.

Palmer, H. E. (1995). *The scientific study and teaching of languages.* 語学教育研究所（編）『パーマー選集　第 1 巻（復刻版）』(5-330 頁). 本の友社.

Palmer, H. E. (1995). *The principles of language-study.* 語学教育研究所（編）『パーマー選集　第1巻（復刻版）』(333-520頁). 本の友社.

Palmer, H. E. (1995). *The oral method of teaching languages.* 語学教育研究所（編）『パーマー選集　第1巻（復刻版）』(521-666頁). 本の友社.

Palmer, H. E. (1995). *Memorandum on problems of English teaching.* 語学教育研究所（編）『パーマー選集　第2巻（復刻版）』(1-103頁). 本の友社.

Palmer, H. E. (1995). *The five speech-learning habits.* 語学教育研究所（編）『パーマー選集　第2巻（復刻版）』(105-142頁). 本の友社.

Palmer, H. E. (1995). *The technique of question-answering.* 語学教育研究所（編）『パーマー選集　第4巻（復刻版）』(161-257頁). 本の友社.

Palmer, H. E. (1995). *The first six weeks of English.* 語学教育研究所（編）『パーマー選集　第4巻（復刻版）』(261-389頁). 本の友社.

Palmer, H. E. (1995). *The teaching of oral English.* 語学教育研究所（編）『パーマー選集　第4巻（復刻版）』(393-490頁). 本の友社.

Palmer, H. E., & Palmer, D. (2006). *English through actions*（新装版）. 開隆堂.

Richards, J. C., & Rodgers, T. (2001). *Approaches and methods in language teaching.* Cambridge: Cambridge University Press.

Richards, J. C., & Renandya, W. A. (Eds.). (2008). *Methodology in in language teaching.* Cambridge: Cambridge University Press.

Schmidt, R. (Ed.). (1995). *Attention & awareness in foreign language learning.* Hawaii, HI: Second Language Teaching & Curriculum Center, University of Hawaii at Manoa.

Schmitt, N. (Ed.). (2002). *An introduction to applied linguistics.* London: Arnold.

Skehan, P. (1996). A framework for the implementation of task-based instruction. *Applied Linguistics 17/1*, 38-62.

Skehan, P. & Foster, P. (1997). The influence of planning and post-task activities on accuracy and complexity in task-based learning. *Language Teaching Research 1/3*, 27-33.

Skehan, P. (1998). *A cognitive approach to language learning.* Oxford: Oxford University Press.

Swain, M. (1985). Communicative competence: Some roles of comprehensible input and comprehensible output in its development. In S. Gass & C. Madden (Eds.), *Input in second language acquisition.* (pp. 235-253). Cambridge, MA: Newbury House.

Swain, M. (1990). The language of French immersion students: Implications for theory and practice. In J. E. Alatis (Ed.), *Georgetown University round table on languages and linguistics, 1990: Linguistics, language* (pp. 401-12). Washington, DC: Georgetown University Press.

Swain, M. (1995). Three functions of output in second language learning. In G. Cook & B. Seidlhofer (Eds.), *Principles and practice in the study of language.* Oxford: Oxford University Press.

Tickoo, M.L. (1986) Prendergast and the 'Mastery Method': an assessment. *ELT Journal* 40/1, 52-58

Ur, P. (2014). *Grammar practice activities: A practical guide for teachers* (2nd ed.). Cambridge: Cambridge University Press.

VanPatten, B. (1996). *Input processing and grammar instruction: Theory and research.* Norwood, NJ: Ablex.

VanPatten, B. (2003). *From input to output: A teacher's guide to second language acquisition.* Boston: McGraw-Hill.

VanPatten (2007). Input processing in adult second language acquisition. In B. VanPatten & I. Williams (Eds.), *Theories in second language acquisition* (pp. 115-135). Mahwah, NJ: Lawrence Erlbaum.

Widdowson, H. G. (2003). *Defining issues in English language teaching.* Oxford: Oxford University Press.

Willis, D. & Willis, J. (Eds.). (1996). *Challenge and change in language teaching.* Oxford: Macmillan Education.

Willis, D. & Willis, J. (2007). *Doing task-based teaching.* Oxford: Oxford University Press.

石黒昭博・山内信幸・赤松信彦・北林利治（2003）『現代の英語科教育法』英宝社
和泉伸一（2010）『「フォーカス・オン・フォーム」を取り入れた新しい英語教育』大修館書店
伊藤嘉一（2000）『英語教授法のすべて』大修館書店
伊東治己（編）（2008）『アウトプット重視の英語授業』教育出版
今井むつみ・野島久雄（編）（2005）『人が学ぶということ―認知学習論からの視点』北樹出版
伊村元道（1997）『パーマーと日本の英語教育』大修館書店
江利川春雄・斎藤兆史・鳥飼玖美子・大津由紀雄（2014）『学校英語教育は何のため？』ひつじ書房
大喜多喜夫（2004）『英語教員のための授業活動とその分析』昭和堂
大下邦幸（編）（2009）『意見・考え重視の英語授業―コミュニケーション能力養成へのアプローチ』高陵社書店
岡秀夫・赤池秀代・酒井志延（2004）『「英語授業力」強化マニュアル』大修館書店
小山内洸（2002）『英語科授業論の基礎―コミュニケーション重視の言語教育理論研究―』リーベル出版
小篠敏明（1998）『Harold E. Palmer の英語教授法に関する研究―日本における展開を中心として―』第一学習社
金谷憲（2002）『英語授業改善のための処方箋』大修館書店
金谷憲（2009）『英語教育熱』研究社
教育実習を考える会（編）（2005）『教育実習生のための学習指導案作成教本　英語科』蒼丘書林

語学教育研究所（1999）『英語指導技術再検討』大修館書店
白井恭弘（2004）『外国語学習に成功する人しない人―第二言語習得論への招待―』岩波書店
白井恭弘（2008）『外国語学習の科学―第二言語習得論とは何か―』岩波書店
白井恭弘（2012）『英語教師のための第二言語習得論』大修館書店
白畑知彦・冨田祐一・村野井仁・若林茂則（1999）『英語教育用語辞典』大修館書店
白畑知彦・若林茂則・須田孝司（2004）『英語習得の「常識」「非常識」―第二言語習得研究からの検証―』大修館書店
JACET SLA 研究会（編）（2013）『第二言語習得と英語科教育法』開拓社
杉浦健（2011）『おいしい授業の作り方』ナカニシヤ出版
杉田由仁（2002）「プレリーディング活動の種類と読解力の伸びに関する研究」『中部地区英語教育学会紀要』第 31 号, 223-230.
杉田由仁（2003）「スキーマ活性化に対する習熟度と読解力の伸びに関する研究」『関東甲信越英語教育学会紀要』第 17 号, 13-22.
杉田由仁（2005）「区切り聞きによるリスニングの指導―実践とその効果―」『関東甲信越地区英語教育学会紀要』第 19 号, 10-21.
杉田由仁（2006）「ライティング・プロセスの計画段階におけるクイックライティング指導の効果」『中部地区英語教育学会紀要』第 35 号, 99-106.
杉田由仁（2009）「中学生の文法指導―４Ｐアプローチのすすめ―」『ＳＴＥＰ英語情報』11・12 月号, 44-45, 日本英語検定協会.
杉田由仁・キャラカー R.（2008）『パラグラフ・ライティング基礎演習（Primary Course on Paragraph Writing）』成美堂
杉田由仁・キャラカー R.（2012）『ライティングで学ぶ英語プレゼンテーションの基礎（Writing for Presentations in English）』南雲堂
杉田由仁（2013）「ライティング授業におけるブレンディッド・ラーニングの実践とその効果」『中部地区英語教育学会紀要』第 42 号, 263-268.
杉田由仁（2014）「技能統合型英語授業の実践とその効果―ライティングからプレゼンテーションへ―」『中部地区英語教育学会紀要』第 43 号, 305-310.
杉田由仁・キャラカー R.（2014）『ジャンル別パラグラフ・ライティング（Genre Approach to Paragraph Writing）』成美堂
杉田由仁（2014）「トレーニング・ポートフォリオを活用した『英語科指導法』の授業効果」『大学英語教育学会紀要』第 58 号, 143-155.
杉田由仁（2015）「発表語彙リストとしての『別表２』活用の妥当性―平成元年度版『中学校学習指導要領』から―」『中部地区英語教育学会紀要』第 44 号, 259-266.
鈴木孝夫（1973）『ことばと文化』岩波書店
鈴木孝夫（1999）『日本人はなぜ英語ができないのか』岩波書店
全国英語教育学会第 40 回研究大会記念特別誌編集委員会（編）（2014）『英語教育学の今―理論と実践の統合―』全国英語教育学会
髙島英幸（編）（2000）『コミュニケーションにつながる文法指導』大修館書店
髙島英幸（2005）『文法項目別英語のタスク活動とタスク―34 の実践と評価』大修館書店

高島英幸（編）（2011）『英文法導入のためのフォーカス・オン・フォーム・アプローチ』大修館書店
高梨庸雄（2005）『英語の「授業力」を高めるために』三省堂
土屋澄男（2001）『英語指導の基礎技術』大修館書店
中野美知子（編）（2005a）『英語は早稲田で学べ』東洋経済新報社
中野美知子（編）（2005b）『英語教育グローバルデザイン』学文社
中野美知子（編）（2015）『英語教育の実践的探究』渓水社
ピーターセン・マーク（2002）『日本人の英語』岩波書店
ピーターセン・マーク（2003a）『続日本人の英語』岩波書店
ピーターセン・マーク（2003b）『英語の壁』文芸春秋
堀口俊一（編）（1991）『現代英語教育の理論と実践』聖文堂
村野井仁（2006）『第二言語習得研究から見た効果的な英語学習法・指導法』大修館書店
村野井仁・渡部良典・尾関直子・冨田祐一（2012）『統合的英語科教育法』成美堂
文部科学省（1999）『中学校学習指導要領（平成10年12月）解説―外国語編―』東京書籍
文部科学省（2007）『中学校学習指導要領（平成20年9月）解説―外国語編―』開隆堂
文部科学省（2000）『高等学校学習指導要領（平成11年3月）解説―外国語編・英語編―』東京書籍
文部科学省（2010）『高等学校学習指導要領（平成22年5月）解説―外国語編・英語編―』開隆堂
米山朝二（2011）『英語教育指導法事典』研究社
米山朝二・杉山敏・多田茂（2003）『英語科教育実習ハンドブック』大修館書店

索引

▶ A〜Z

action chain　20
activity　13, 27
articulation exercise　19, 148
Berlitz　15
Brown　31, 71
chorus reading　30
code　17, 127
comprehension　18
comprehensible input　20
consolidation　13, 22, 30
conventional conversation　20, 148
Direct Method　15
ear-training exercise　19, 148
form　72
four phases of assimilation　18
function　73
fusion　17, 127
Gouin　15
Harmer　71
identification　17, 127
imitation　18, 130
imperative drill　20, 130, 148
individual reading　30
Input Hypothesis　20
intake　19
integration　19

Krashen　20
Larsen-Freeman　72
linguistic symbols　17, 127
meaning　72
model reading　29
multiple line of approach　20
Natural Approaches　15
noticing　18
oral introduction　13, 20, 22, 28-29
Oral Method　12
Palmer　12
perception　18, 129
practice　27
primary skill　17, 128
pre-reading activity　14, 28
presentation of new materials　13, 23, 25-26
reading aloud　13, 23, 29
recognition　18, 129-130
repetition exercise　19, 148
reproduction　18, 131
reproduction exercise　19, 148
review　13, 22, 24-25
secondary skill　17, 128
speech　17, 127
speech habits　21
speech primacy　17

speech-unit　18, 129
subconscious assimilation　20, 28
substitution exercise　20, 148
teaching plan　31-32, 66-68
three-dimensional grammar framework　72
Ur　71
use　72
warm-up　13, 22, 23-24

【あ行】
意味　72
意味との一致　17, 127
ウォーム・アップ　13, 23-24, 34, 44, 47, 52, 55, 63
音識別練習　19, 148-149
オーラル・イントロダクション　13, 20, 22, 28-29, 40-41, 44-45, 47-49, 52-53, 56-58, 63
オーラル・メソッド　12
音声言語優越主義　17
音読指導（練習）　13, 29-30, 42, 45, 50, 53, 59, 63

【か行】
学習指導案　31-32
学習指導要領　11
気づき　18-19, 76
機能　73, 78

教材観　32, 34, 46, 54
教師の範読　29
グアン　15
形式　72
言語運用　17, 127, 135
言語運用の習性　21
言語活動　13, 27, 38-39, 44, 63
言語記号　17, 127
言語体系　17, 127
言語知識　135
個人練習　30
コミュニケーション能力　11

【さ行】
再生　18, 75, 131
再生練習　19, 149
授業の山　13, 23
授業密度　23
自己表現活動　59, 63
自然主義的接近法　15
質問　26
主要技能　17, 128
新教材の提示　13, 25-26, 36-37, 44
全体練習　30

【た行】
題材説明　47, 52
単元名　31, 33, 45, 53
単元の目標　32, 33, 45, 53

単元の指導計画　32, 33, 46, 54
知覚　18, 75, 129
置換練習　19, 150
直接教授法　15
直感的に把握する力　20, 28
使える英語　11
定型会話　20, 150
展開　32, 34, 47, 55
同化の4段階　18
統合　19
動作連鎖　20
読解活動　50, 53
読解の事前活動　14

【な行】
内在化　19
内容理解のチェック　41, 49, 58
入力仮説　20

【は行】
発音　128
発音練習　19, 149
発問　26
発話単位　18, 129
パーマー　12
板書計画　32, 43, 51, 60
反復練習　19, 149
評価基準　32, 42-43, 50-51, 60

複合的アプローチ　20
復習　13, 24-25, 35, 44, 55, 63
副次的技能　17, 128
文法　71, 128
　―3特性枠組み　72
　―指導のポイント　73, 79, 83, 86-87, 90, 94, 97, 101, 104, 107, 110, 114, 117, 121
　―到達レベル　74, 79, 83, 87, 90, 94, 97, 101, 104, 107, 110, 114, 117-118, 121
　―ターゲットセンテンス　75, 79, 83, 87, 90, 94, 97, 101, 105, 108, 111, 114, 118, 122
　―用語　78
ベルリッツ　15
ベルリッツ・メソッド　16
本時の指導　32, 34, 46, 54
本時の目標　32, 34, 46, 54

【ま行】
まとめ（と定着）　13, 30-31, 42, 50, 59
模倣　18, 75, 130
命令練習　20, 130, 150

【や行】

融合　17, 127

用法　72, 78

4Pアプローチ　76-77

― be 動詞 *is* の指導過程　80-82

― *There is/are* の指導過程　84-86

― 現在進行形の指導過程　87-89

― 過去進行形の指導過程　91-93

― 受動態の指導過程　95-96

― 助動詞 *have to* の指導過程　98-100

― 現在完了形の指導過程　102-104

― 比較級の指導過程　105-107

― 冠詞の指導過程　108-110

― 未来形 *be going to* の指導過程　111-113

― 不定詞の指導過程　115-117

― 関係代名詞 *who* の指導過程　118-121

― 仮定法過去の指導過程　122-124

【ら行】

理解　18, 19, 75, 129-130

理解可能なインプット　20

【わ行】

ワークシート　32, 43, 51-52, 61-62, 86, 93, 100, 110, 113, 121

● 執筆者紹介

杉田由仁（すぎた・よしひと）

1961年山梨県生まれ。早稲田大学大学院教育学研究科修了。博士（教育学）。山梨県公立中学校英語科教諭、山梨県立看護大学専任講師、山梨県立大学看護学部准教授を経て、現在明治学院大学文学部英文学科准教授。

主な著書：

『日本人英語学習者を対象としたタスクによるライティング評価法』（大学教育出版）、『パラグラフ・ライティング基礎演習』『ジャンル別パラグラフ・ライティング』（成美堂）、『ライティングで学ぶ英語プレゼンテーションの基礎』（南雲堂）などがある。

著作権法上、無断複写、複製は禁じられています。

「英語で英語を教える」授業ハンドブック
―オーラル・メソッドによる英語授業と文法指導―

2016年3月25日　第1刷発行　定価（本体2,000円＋税）

著　者 ── 杉田由仁　Yoshihito Sugita
発行者 ── 南雲一範
発行所 ── 株式会社　南雲堂
　　　　　〒162-0801　東京都新宿区山吹町361
　　　　　振替口座　00160-0-46863

　　　　　TEL　03-3268-2311（営業部）
　　　　　TEL　03-3268-2387（編集部）
　　　　　FAX　03-3269-2486（営業部）
　　　　　E-mail　nanundo@post.email.ne.jp
　　　　　URL　http://www.nanun-do.co.jp/

編　集 ── 丸小雅臣
組　版 ── Office haru
カバー ── 奥定泰之
装　丁 ── Nスタジオ
印刷所 ── 恵友印刷
製本所 ── 長山製本

＜検印省略＞　　　　　乱丁・落丁本はお取り替えいたします。

©Yoshihito Sugita, 2016, Printed in Japan
ISBN978-4-523-26539-9 C0082　　　　　　　［I-539］